12歳までに
知っておきたい

男の子のためのおうちでできる性教育

産婦人科医　高橋幸子

日本文芸社

はじめに

大人《おとな》になるきみたちへ

大人《おとな》になるってどういうこと？　早《はや》く大人《おとな》になりたい？　いつまでも子《こ》どものままでいたい？

でも、子《こ》どもだってじつは楽《たの》しいことばかりじゃない……。心配ごともあるし、イライラすることもあるし、友達《ともだち》との関係《かんけい》も複雑《ふくざつ》になってくる。だって人《ひと》は、一人《ひとり》ひとり違《ちが》うものだから。家族《かぞく》や周囲《しゅうい》の大人《おとな》とバチバチしてしまう人《ひと》もいるよね。

子《こ》どもから大人《おとな》に成長《せいちょう》するとき、体《からだ》や心《こころ》が大《おお》きく変化《へんか》するよ。その変化《へんか》について「まったく知《し》らない」と、余計《よけい》な不安《ふあん》を抱《かか》えてしまうことも。これからあなたの体《からだ》と心《こころ》にどんな変化《へんか》が起《お》きてくるのか、先《さき》に知《し》っていることで「なんとなく不安《ふあん》を感《かん》じる時間《じかん》」を短《みじか》くできるかもしれない。あなたは、自分《じぶん》の一番《いちばん》の「味方《みかた》」だからね。自分《じぶん》の体《からだ》と心《こころ》を大切《たいせつ》にしよう。

もうひとつ、覚《おぼ》えておいてほしいことは、困《こま》ったときに相談《そうだん》できる大人《おとな》を見《み》つけておいてほしいってこと。これはあなたの心《こころ》を大切《たいせつ》にするための方法《ほうほう》でもあるよ。

あなたの成長《せいちょう》の途中《とちゅう》で、「あっ、あの本《ほん》に書《か》いてあったことだ！」って、ピンとくるときがくるかもしれない。ぜひ何回《なんかい》も読《よ》み返《かえ》してみて。この本《ほん》があなたの人生《じんせい》のおまもりになりますように！

保護者《ほごしゃ》の方《かた》へ

お子《こ》さんに、どんな18歳《さい》（成人《せいじん》）になってほしいでしょうか。まだまだかわいいお子《こ》さんの大人《おとな》になった姿《すがた》なんて想像《そうぞう》できないかもしれません。性教育《せいきょういく》は18歳《さい》のゴールをイメージして、逆算《ぎゃくさん》して、発達年齢《はったつねんれい》に合《あ》わせて段階的《だんかいてき》に知識《ちしき》のおまもりを手渡《てわた》していきます。できれば、思春期《ししゅんき》を迎《むか》える前《まえ》の段階《だんかい》に、伝《つた》えておきたい情報《じょうほう》もたくさんあります。

性教育《せいきょういく》はただ性《せい》についての情報《じょうほう》を伝《つた》えるものではなく、自分《じぶん》で自《じ》分《ぶん》を守《まも》れる子《こ》、高《たか》い自己肯定感《じここうていかん》をもてる子《こ》になる手助《てだす》けができるものです。

さらに、ここからのお子《こ》さんの健《すこ》やかな性《せい》の発育《はついく》には、成長《せいちょう》に寄《よ》り添《そ》ってくれる、科学的《かがくてき》で正確《せいかく》な知識《ちしき》が重要《じゅうよう》です。ネットからなんでも情報《じょうほう》を得《え》ることができる時代《じだい》です。アダルト動画《どうが》などのフィクションや不確《ふたし》かなSNSなどの情報《じょうほう》で認知《にんち》をゆがめられてしまう前《まえ》に、「ここに書《か》かれていることを知《し》っておいてね」と本書《ほんしょ》を手渡《てわた》してあげてほしいのです。

直接手渡《ちょくせつてわた》すのが難《むず》しい年齢《ねんれい》であれば、本棚《ほんだな》に並《なら》べておき「こういうことが気《き》になったら、ここにある本《ほん》を読《よ》んでみるといいよ」などと一《ひと》言《こと》添《そ》えておくと、もしかしたら大人《おとな》には直接聞《ちょくせつき》きづらいけれど気《き》になることがあるときにひとりで読《よ》む可能性《かのうせい》も高《たか》まります。

そしてこの本《ほん》に書《か》かれている情報《じょうほう》を、大人《おとな》も共有《きょうゆう》してくれている。いつでも相談《そうだん》できる大人《おとな》がいると感《かん》じられることがお子《こ》さんにとっての何《なに》よりのおまもりになります。

保護者《ほごしゃ》の方《かた》もぜひ本書《ほんしょ》で、性教育《せいきょういく》の知識《ちしき》をアップデートしたり、子《こ》どもへの伝《つた》え方《かた》のコツをつかんだりしていただけたら幸《さいわ》いです。

ぼくたちが気《き》になる「体《からだ》」のこと

ニキビができた。
肌《はだ》が荒《あ》れて
最近気《さいきんき》になる……

→34ページ

毛《け》がまだ生《は》えない。
友達《ともだち》は生《は》えてきている
みたいなのに、
ぼくって遅《おそ》くない？

→30ページ

まだ声《こえ》が高《たか》い。
声変《こえが》わりって
いつするんだろう？

→36ページ

ホウケイってなに？
自分《じぶん》のは包茎《ほうけい》なのか
気《き》になる

→100ページ

アダルト情報《じょうほう》から勉強《べんきょう》したほうがいい？

➔152ページ

学校《がっこう》で勃《た》ってしまった！これって恥《は》ずかしい？

➔106ページ

朝起《あさお》きたら、パンツが汚《よご》れていた。漏《も》らした感《かん》じじゃないけど……なんだ、これ？

➔116ページ

小学校高学年《しょうがっこうこうがくねん》になると、早《はや》い子《こ》では体《からだ》の変化《へんか》が起《お》こってくるころ。体《からだ》の変化《へんか》にとまどうけれど、親《おや》には相談《そうだん》しにくい、知《し》られたくないと思《おも》うこともあるかもしれません。そういうときに信頼《しんらい》できる相談先《そうだんさき》や情報源《じょうほうげん》を見《み》つけておくとよいでしょう。友達《ともだち》のうわさ話《ばなし》やSNS情報《じょうほう》だけを信《しん》じずに、本書《ほんしょ》で正《ただ》しい性《せい》の知識《ちしき》を学《まな》ぶようにしましょう。

ぼくたちが気《き》になる「心《こころ》」のこと

人間関係《にんげんかんけい》で
悩《なや》んでいる

→40ページ

家《いえ》でひとりになれる
部屋《へや》がなくて、
居場所《いばしょ》がないと感《かん》じている

→46ページ

距離感《きょりかん》が近《ちか》い
友達《ともだち》がいて、
ちょっと困《こま》っている

→62ページ

親《おや》の話《はなし》を素直《すなお》に聞《き》けない。
家族《かぞく》と話《はな》すのがなんだか
面倒《めんどう》くさいのはなんで?

→42ページ

好《す》きな子《こ》が
できたかも
しれない……

→134ページ

「セックス」って具体的《ぐたいてき》になにをするの？

➔140ページ

友達《ともだち》のノリについていかないといけないのかな

➔192ページ

どうしたら女《おんな》の子《こ》にモテる？

➔152ページ

体《からだ》の成長《せいちょう》とともに、心《こころ》も成長《せいちょう》します。友人関係《ゆうじんかんけい》での悩《なや》み、女《おんな》の子《こ》についての悩《なや》み、親《おや》との距離感《きょりかん》の悩《なや》み……いろいろな悩《なや》みがあるころです。思春期《ししゅんき》は、なんだかイライラしてしまったり、家族《かぞく》と話《はな》すのがめんどうくさいと思《おも》うようになったりもします。あとで落《お》ち着《つ》いてから考《かんが》えるとなんでそんなことをいってしまったんだろうと、後悔《こうかい》することもあるかも。でもこの心《こころ》の悩《なや》みは、成長《せいちょう》している証《あかし》。誰《だれ》もが通《とお》る道《みち》です。

男《おとこ》の子《こ》ママたちの悩《なや》み

男《おとこ》の子《こ》をもつ、ママたちの悩《なや》みを集《あつ》めてみました。

男《おとこ》の子《こ》の成長《せいちょう》について、わからないことだらけ。パパに聞《き》いても、なんだかはぐらかされてしまう

⇨26ページ

男《おとこ》の子《こ》の思春期《ししゅんき》って、大変《たいへん》そうなイメージ。反《はん》抗期《こうき》もこわい

⇨44、48ページ

小学生男子《しょうがくせいだんし》、なに考《かんが》えているのかわからない

⇨24ページ

性教育《せいきょういく》について、異性《いせい》である息子《むすこ》にどう話《はな》したらいいのかわからない

⇨66ページ

ちんちん、おしり、うんちばかりいっている……いつまで、これ続《つづ》くの？

⇨53ページ

そもそも、男《おとこ》の子《こ》の「性《せい》器《き》の正《ただ》しい洗《あら》い方《かた》」もよくわからない

→102ページ

子《こ》どもに、性加害者《せいかがいしゃ》・性《せい》被害者《ひがいしゃ》になってほしくない

→86ページ

ピンクが好《す》きだったり、おままごとが好《す》きだったりするけど、これって多《た》様性《ようせい》ってこと?

→174ページ

予定外《よていがい》の妊娠《にんしん》をさせてしまうことにならないでほしい

→148ページ

性被害《せいひがい》などの話《はなし》を聞《き》くと、男《おとこ》の子《こ》は加害者《かがいしゃ》になる可能性《かのうせい》があるんだなと思《おも》った

→190ページ

先輩《せんぱい》ママたちの「伝《つた》えておけばよかった…」

男《おとこ》の子《こ》ママの先輩《せんぱい》たちが、後悔《こうかい》していることを集《あつ》めてみました。

いまだに「ちんちん、おしり」がおもしろいと思《おも》う男子《だんし》に育《そだ》ってしまった……

➩53ページ

生理《せいり》のとき、ヘンにごまかしてしまって、後悔《こうかい》。むしろ生理《せいり》について伝《つた》えるチャンスだったのに……

➩93ページ

性器《せいき》を触《さわ》っていた手《て》を「汚《きたな》いからやめて」といいすぎたみたいで、性器《せいき》は汚《きたな》いと思《おも》う子《こ》になってしまった。汚《きたな》いではなくて、大事《だいじ》なところだからといえばよかった

➩125ページ

学校《がっこう》で習《なら》うんだろうなーと、なんとなく思《おも》っていて、とくに性教育《せいきょういく》をしなかった。結局《けっきょく》、学校《がっこう》でどこまで教《おし》えているのかわからない

⇨学校《がっこう》では、卵子《らんし》と精子《せいし》が結《むす》びついて受精卵《じゅせいらん》になることは説明《せつめい》しますが、そこにいたるまでの性交《せいこう》についての説明《せつめい》はありません。直接《ちょくせつ》子《こ》どもにどんなことを習《なら》っているのか聞《き》いてみてもよいでしょう

性教育《せいきょういく》しないと、と思《おも》いながら、何《なに》をどうしたらいいのかわからないまま、気《き》がつけば子《こ》どもが思春期《ししゅんき》に……。普《ふ》通《つう》の会話《かいわ》すらしてくれないのに、ましてや性《せい》についてなんて話《はな》せる雰囲気《ふんいき》じゃない

⇨219ページ

性教育《せいきょういく》についての子《こ》どもでも読《よ》める本《ほん》を、さりげなく本棚《ほんだな》に入《い》れておいたけど、まったく読《よ》んだ形跡《けいせき》がなかった。ちゃんと置《お》いたから読《よ》んでみてねと、一声《ひとこえ》かけるべきだった

⇨小学生低学年《しょうがくせいていがくねん》なら「ここおもしろかったから読《よ》んでみて」と伝《つた》えつつ渡《わた》すと受《う》け取《と》ってくれるかもしれません。思春期《ししゅんき》になるとそれが難《むずか》しくなるので、こっそり読《よ》めるところに置《お》いておくのもあり。トイレがおすすめです

contents

第《だい》3章《しょう》 知《し》っておきたいちんちん（ペニス）のこと

Column Q&A

第《だい》4章《しょう》 好《す》きになったときに知《し》っておきたいこと

Column Q&A

第《だい》5章《しょう》 性《せい》の知識《ちしき》で自分《じぶん》を守《まも》る、相手《あいて》も守《まも》る

本書の見方

特《とく》に男《おとこ》の子本人《こほんにん》に読《よ》んでもらいたい、知《し》っておいてもらいたい項目《こうもく》に入《い》れています。

項目《こうもく》のなかで、ポイントとなることをまとめています。

※本書は2024年1月時点でのデータを元に制作しています。

マンガ登場《とうじょう》人物《じんぶつ》紹介《しょうかい》

ソータ

ちょっと内気《うちき》な
小学《しょうがく》5年生《ねんせい》。
最近《さいきん》、親《おや》との距離感《きょりかん》に
悩《なや》んでいる。

ママ

仕事《しごと》と育児《いくじ》を
両立中《りょうりつちゅう》のワーママ。
明《あか》るい性格《せいかく》。
最近《さいきん》、ソータとの
距離感《きょりかん》に悩《なや》んでいる。

パパ

仕事《しごと》で帰宅《きたく》が
遅《おそ》くなりがちなので、
子《こ》どもとのふれあいが
足《た》りないと感《かん》じている。

レン

ソータの弟《おとうと》。
保育園《ほいくえん》に通《かよ》う
年長《ねんちょう》さん。
お兄《にい》ちゃんが好《す》き。

サッコ先生《せんせい》

大学付属病院《だいがくふぞくびょういん》の
産婦人科《さんふじんか》の先生《せんせい》。
コータ兄《にい》ちゃんの
研修先《けんしゅうさき》。

コータ兄《にい》ちゃん

近所《きんじょ》に住《す》む、
ソータとレンのいとこ。
ソータママの姉《あね》の息子《むすこ》。
大学付属病院《だいがくふぞくびょういん》
の研修医《けんしゅうい》。

徳五郎《とくごろう》

コータ兄《にい》ちゃん
の飼《か》い犬《いぬ》。
いざというとき、
コータの助手《じょしゅ》になる。

第《だい》1章《しょう》

これから、ぼくたちどうなるの？

知《し》っておきたい 思春期《ししゅんき》の変化《へんか》

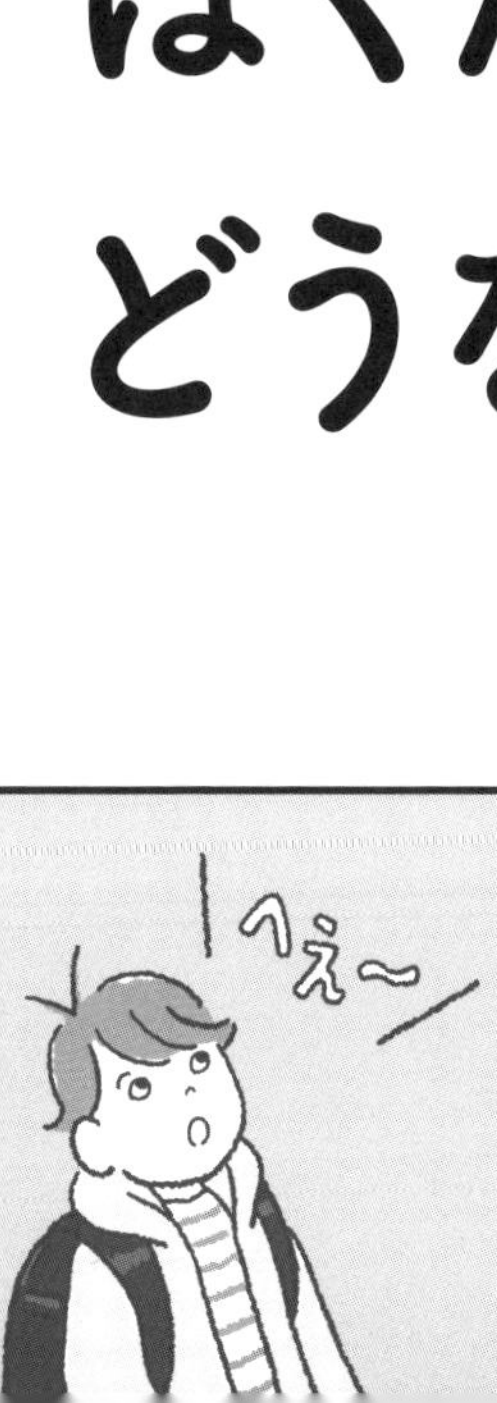

体《からだ》や心《こころ》が急成長《きゅうせいちょう》する「思春期《ししゅんき》」ってなに!?

おれ、毛《け》が生《は》えてきたんだぜ
オレも
へ〜
なんか声《こえ》がかすれてきちゃってさ
ア゛〜
それな〜
アイドルのさくらちゃんの胸《むね》ってでかいよな
いや、はるちゃんも踊《おど》ってるときゆれてたぞ
ハア〜・・・
ぼく、遅《おく》れてるのかなぁ
毛《け》もまだ生《は》えていない
声変《こえが》わりもまだ
あ〜
女《おんな》の子《こ》の話題《わだい》に混《ま》ざりにくい
ソータ
最近悩《さいきんなや》んでいる小学生《しょうがくせい》
ん?
ヤイヤイ

あ。コータ兄《にい》ちゃん…
歩《ある》いてー
おーい!
見てあっちに何かあるかも
帰《かえ》るよー
ドーン
やぁ、ソータくん今《いま》、帰《かえ》り?
ゼー
ゼー
コータ兄《にい》ちゃん
ソータのいとこ
なんか元気《げんき》ないね
あのさ…
コータ兄《にい》ちゃんがぼくくらいのとき…
いやなんでもない
忘れて!
徳五郎《とくごろう》
フレンチブルドック
!
ピー
ぼくはねソータくんくらいのときこんな感《かん》じだったよ
声《こえ》が高《たか》い
体《からだ》が細《ほそ》い
毛《け》も生《は》えてない
女《おんな》の子《こ》に興味《きょうみ》ない
K
えっ
ワン!
訳《やく》:研修医《けんしゅうい》のコータに変身《へんしん》して説明《せつめい》するといいブル
そうしよう!
犬語わかるの?!

小学校低学年《しょうがっこうていがくねん》のころのソータとちょっと未来《みらい》の中学生《ちゅうがくせい》のソータをくらべてみると……
ニキビができやすくなる
声変《こえが》わりをする
体《からだ》や性器《せいき》に毛《け》が生《は》える
汗《あせ》がくさくなるなど
ソータくんの体《からだ》や心《こころ》はこれから変化《へんか》し、成長《せいちょう》する〝思春期《ししゅんき》〟という時期《じき》に入《はい》るよ
し・しゅん・き……
思春期《ししゅんき》っていうんだね
へえ〜
犬用ジュース
コータ
コータ兄《にい》ちゃん
研修医《けんしゅうい》モード

心《こころ》にも変化《へんか》は起《お》きるんだ
うざいんだよ！
家族《かぞく》の話《はなし》を素直《すなお》に聞《き》けない
親《おや》と距離《きょり》をとりたい
友達《ともだち》との違《ちが》いにコンプレックスを感《かん》じている
体《からだ》や心《こころ》が急《きゅう》に変化《へんか》していくんだよ ソータくんもこれから起《お》こるはず
だから心配《しんぱい》しなくて大丈夫《だいじょうぶ》だよ
じゃあまた
大丈夫《だいじょうぶ》だからねー
起《お》きて
グースカ
う、うん ありがとう
帰れるのかな あれ

小《しょう》学《がく》生《せい》男《だん》子《し》、いま悩《なや》んでいること

小学校高学年《しょうがっこうこうがくねん》あたりになると、「急《きゅう》に背《せ》が伸《の》びてきた」「毛《け》が生《は》えてきた」「声《こえ》が変《へん》」「ニキビができた」という変化《へんか》を自分自身《じぶんじしん》で感《かん》じるかもしれません。他《ほか》にも「なんだか、大人《おとな》のいうことを素直《すなお》に聞《き》けない」「落《お》ち着《つ》かない、イライラしてしまう」「ちょっとしたことで、落《お》ち込《こ》んでしまう」という心《こころ》の悩《なや》みを抱《かか》えているかもしれません。**これらは、大人《おとな》になるための成長《せいちょう》のあかし。**

とくに「毛《け》が生《は》えた」もしくは「生《は》えていない」というのは、小学生男子《しょうがくせいだんし》の大《おお》きな悩《なや》みのひとつ。高学年《こうがくねん》では、修学旅行《しゅうがくりょこう》などで、みんなでお風呂《ふろ》に入《はい》る機会《きかい》があったりすると、気《き》になってしまうかもしれません。

寝《ね》て起《お》きたら急《きゅう》に大人《おとな》になっていたということはなく、体《からだ》と心《こころ》は少《すこ》しずつゆっくりと変化《へんか》していきます。個人差《こじんさ》もあり、みんなが同《おな》じ成長《せいちょう》スピードではありません。**自《じ》分《ぶん》はまだ体《からだ》の変化《へんか》がないと焦《あせ》らなくてよいですし、周《まわ》りよりも早《はや》く変化《へんか》が訪《おとず》れたから**

思春期《ししゅんき》に起《お》こる変化《へんか》

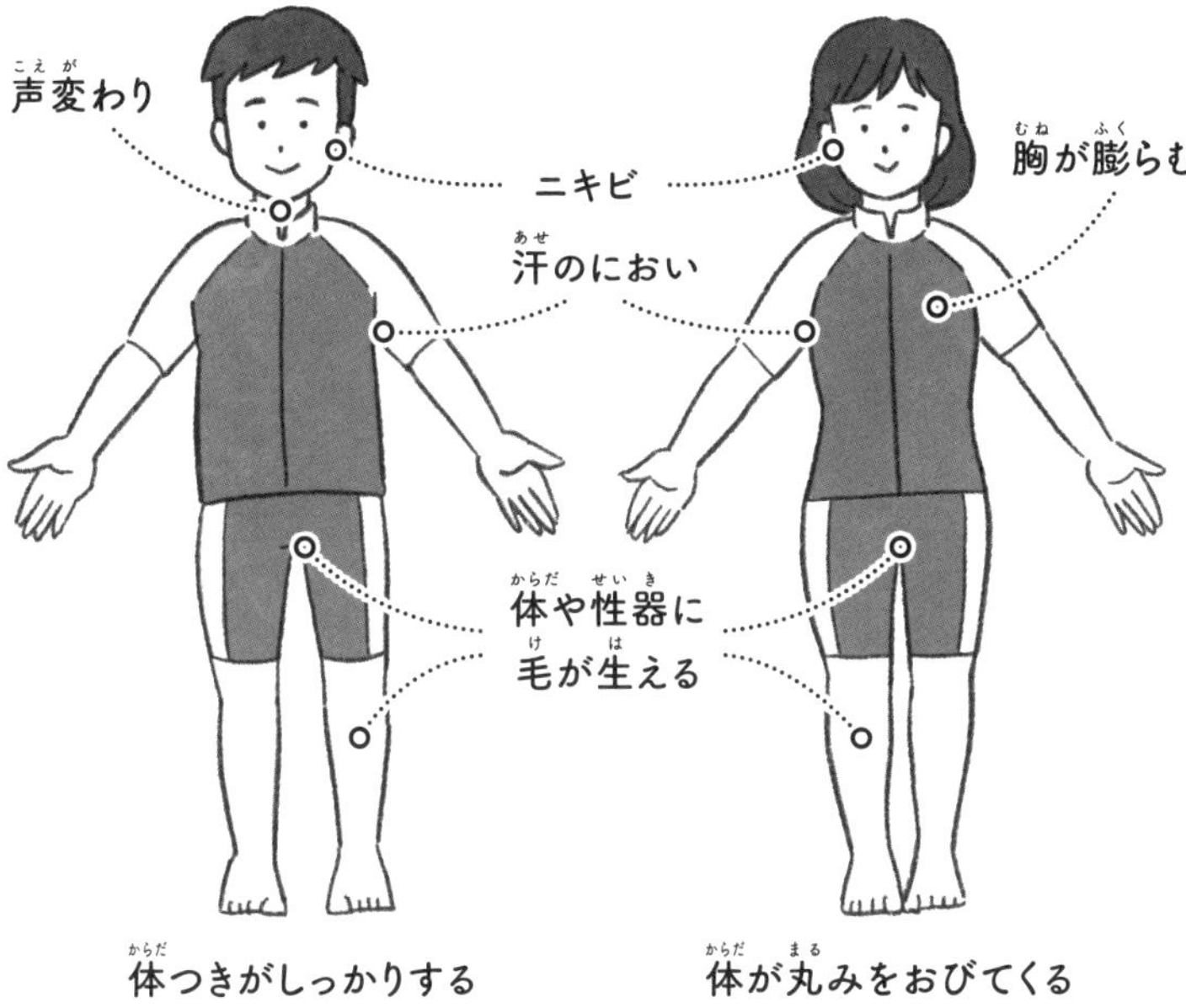

といって恥《は》ずかしがったり、隠《かく》したりする必要《ひつよう》はありません。

これからおとずれる思春《ししゅん》期《き》に、どんな体《からだ》と心《こころ》の変化《へんか》があるのか、どうやって大人《おとな》になっていくのかを本《ほん》章《しょう》で紹介《しょうかい》します。

10歳《さい》ごろから体《からだ》も心《こころ》も大《おお》きく変《か》わる

小児期《しょうにき》、思春期《ししゅんき》、性成熟期《せいせいじゅくき》、更年期《こうねんき》、老年期《ろうねんき》と人生《じんせい》の時間《じかん》を5つの時期《じき》に区切《くぎ》る考《かんが》え方《かた》があります。

なかでも「思春期《ししゅんき》」とは、体《からだ》も心《こころ》も子《こ》どもから大人《おとな》になっていく発達《はったつ》の時期《じき》のこと。だいたい**小学校高学年《しょうがっこうこうがくねん》から高校生《こうこうせい》くらいまでの期間《きかん》**になります。男女《だんじょ》で少《すこ》し差《さ》があり、**女子《じょし》は8～18歳《さい》、男子《だんし》は10～18歳《さい》**ごろといわれています。

ＷＨＯの定義《ていぎ》では、第二次性徴《だいにじせいちょう》のはじまりから、性成熟《せいせいじゅく》（生殖《せいしょく》が可能《かのう》な時期《じき》）までのことを指《さ》します。ちなみに第一次性徴《だいいちじせいちょう》は生《う》まれた直後《ちょくご》からわかる男女《だんじょ》の性器《せいき》の特徴《とくちょう》のこと、**第二次性徴《だいにじせいちょう》は成長《せいちょう》してから性器以外《せいきいがい》に見《み》られる男女《だんじょ》の特徴《とくちょう》**のことです。

この思春期《ししゅんき》には心《こころ》と体《からだ》にさまざまな変化《へんか》が起《お》こります。

心《こころ》の変化《へんか》のなかでも、親《おや》からの自立《じりつ》が大《おお》きな変化《へんか》。自分《じぶん》で考《かんが》えて、自分《じぶん》で決《き》めたいと思《おも》うようになります。その反面《はんめん》、自立《じりつ》をすることが不安《ふあん》にもなって、自信《じしん》がなくなったりしてしまうことも。心《こころ》が不安定《ふあんてい》になっていて、イライラしてしまい、身近《みぢか》な親《おや》にあたってしまうのです。

また、人間関係《にんげんかんけい》が複雑《ふくざつ》になっていくことで、「みんなはどう思《おも》っているんだろう」「まわりに合《あ》わせないといけないかな」「こんなことをしたら仲間《なかま》はずれにされるかもしれない」など、他《ほか》の人《ひと》がどう思《おも》っているのかを考《かんが》えるようになります。

体《からだ》の変化《へんか》

共通《きょうつう》
- 体毛《たいもう》が生《は》える
- 体重《たいじゅう》が増《ふ》え、体《からだ》が大《おお》きくなる

女《おんな》の子《こ》
- 胸《むね》が膨《ふく》らむ
- 生理《せいり》がはじまる

男《おとこ》の子《こ》
- 声《こえ》変《が》わりをする
- 精通《せいつう》がある
- 勃起《ぼっき》する

心《こころ》の変化《へんか》

- 親《おや》から自立《じりつ》したい
- 自立《じりつ》への不安《ふあん》や戸惑《とまど》い
- 同《おな》じ価値観《かちかん》をもつ仲間《なかま》と一緒《いっしょ》にいたい
- 自分《じぶん》とは何《なに》かを深《ふか》く考《かんが》えるようになる

5つのライフステージ

小児期《しょうにき》（0－10歳頃《さいごろ》）　思春期《ししゅんき》（10－18歳頃《さいごろ》）　性成熟期《せいせいじゅくき》（18－45歳頃《さいごろ》）　更年期《こうねんき》（45－55歳頃《さいごろ》）　老年期《ろうねんき》（55歳頃《さいごろ》～）

　人間関係《にんげんかんけい》が複雑《ふくざつ》になって他《た》人《にん》の存在《そんざい》が気《き》になるのも成長《せいちょう》のひとつ。他人《たにん》と自分《じぶん》とを比《くら》べがちになりますが、**人《ひと》は一《ひと》人《り》ひとり違《ちが》ってあたりまえ。比《くら》べる必要《ひつよう》はありません。**

　体《からだ》のほうは、ホルモンのスイッチが入《はい》ることで第二次性《だいにじせい》徴《ちょう》が始《はじ》まります。人《ひと》の体《からだ》の中《なか》に１００種類《しゅるい》以上《いじょう》存在《そんざい》するホルモンは、体《からだ》の機能《きのう》を調節《ちょうせつ》するために働《はたら》いています。そのなかでも性《せい》ホルモンと呼《よ》ばれるものは、性器《せいき》以外《いがい》の男女《だんじょ》の体《からだ》の特徴《とくちょう》を際立《きわだ》たせていきます。

男《おとこ》の子《こ》は男性《だんせい》ホルモンの働《はたら》きで、精子《せいし》をつくりはじめたり、勃起《ぼっき》（106ページ）などするようになってきます。

女《おんな》の子《こ》は女性《じょせい》ホルモンの働《はたら》きで、胸《むね》が膨《ふく》らんだり、生理《せいり》がはじまり赤《あか》ちゃんができる体《からだ》になります。

思春期《ししゅんき》が一番急激《いちばんきゅうげき》に男性《だんせい》ホルモン、女性《じょせい》ホルモンが増《ふ》える時期《じき》。 そのため、次々《つぎつぎ》に体《からだ》に変化《へんか》が起《お》こるのです。

ONE《わん》 POINT

- ⇩ 思春期《ししゅんき》には「自立《じりつ》」などの心《こころ》の変化《へんか》がおとずれる
- ⇩ 思春期《ししゅんき》にはホルモンの影響《えいきょう》で体《からだ》も大人《おとな》へと成長《せいちょう》する
- ⇩ 個人差《こじんさ》があるので、焦《あせ》らず、心構《こころがま》えをしよう

知《し》っておきたい体《たい》毛《もう》のウソ・ホント

思《し》春《しゅん》期《き》に起《お》こる体《からだ》の変《へん》化《か》のうち、見《み》た目《め》にわかりやすいもののひとつが「毛《け》が生《は》える」ことです。**ホルモンの影響《えいきょう》で男性《だんせい》は体毛《たいもう》が濃《こ》くなりやすく**、顔《かお》や手《て》足《あし》、わきの下《した》、性《せい》器《き》のまわり、胸《むね》・おなか・おしり・背《せ》中《なか》などいろいろな部《ぶ》分《ぶん》に毛《け》が生《は》えたり、毛《け》が濃《こ》くなったりします。

「体《からだ》の毛《け》について話《はな》すのは恥《は》ずかしい」「できるだけ隠《かく》したい」という声《こえ》も聞《き》かれます。

思《し》春《しゅん》期《き》のことを英《えい》語《ご》で「puberty（ピューバティ）」といいますが、これは「毛《け》が生《は》えるころ」という意《い》味《み》。**思《し》春《しゅん》期《き》に毛《け》が目《め》立《だ》つようになるのは、正常《せいじょう》な発育《はついく》**なのです。

ただし、毛《け》の太《ふと》さや量《りょう》は個《こ》人《じん》差《さ》があり、全《ぜん》身《しん》にしっかり生《は》える人《ひと》もいれば、ほとんど生《は》えない人《ひと》もいます。

なぜ毛《け》が生《は》えるのかといえば、**毛《け》が人間《にんげん》にとって必要《ひつよう》なものだから**。それぞれの体《たい》毛《もう》には、それぞれの役割《やくわり》があります。

気《き》になる体毛《たいもう》の

Q&A

Q 体毛《たいもう》はムダなもの？

A まつ毛《げ》や眉毛《まゆげ》は目《め》を守《まも》っているし、わきの下《した》の毛《け》は皮膚《ひふ》を汗《あせ》や摩擦《まさつ》から守《まも》る、性器《せいき》やおしりのまわりの毛《け》はその周《しゅう》辺《へん》や粘膜《ねんまく》を守《まも》る役割《やくわり》が。

Q 切《き》らないと伸《の》び続《つづ》ける？

A 髪《かみ》の毛《け》以外《いがい》の毛《け》のサイクルは短《みじか》く、放《ほう》っておいても一定《いってい》期間《きかん》しか伸《の》び続《つづ》けません。

Q 腕《うで》やすねの毛《け》は処理《しょり》しなきゃいけないの？

A そのままでもいいし、気《き》になるならきちんとケアするのもよいでしょう。恥《は》ずかしがる必要《ひつよう》はない、というのは覚《おぼ》えておいて。

Q 他《ほか》の動物《どうぶつ》は毛《け》でおおわれているのに人《ひと》は違《ちが》うの？

A 人間《にんげん》の先祖《せんぞ》は毛《け》でおおわれていたといわれています。住《す》む場所《ばしょ》が変《か》わったり、毛皮《けがわ》を服《ふく》がわりにするようになるなどして、体《からだ》の毛《け》は減《へ》っていったという説《せつ》も。

たとえば**わきの下《した》の毛《け》は、皮膚《ひふ》を汗《あせ》や摩擦《まさつ》から保護《ほご》する役割《やくわり》**が。**性器《せいき》やおしりのまわりの毛《け》は、その周辺《しゅうへん》や粘膜《ねんまく》を守《まも》る役割《やくわり》**があります。ひげの役割《やくわり》についてはいくつか説《せつ》がありますが、「外部《がいぶ》からの衝撃《しょうげき》やほこりなどから守《まも》るため」「温度《おんど》調節《ちょうせつ》をするため」といった説《せつ》が有力《ゆうりょく》です。

ちなみに、髪《かみ》の毛《け》だけが特《とく》に多《おお》いのは、「暑《あつ》さ、寒《さむ》さ、紫外線《しがいせん》、衝撃《しょうげき》などから頭《あたま》を守《まも》るため」などと考《かんが》えられています。

とはいえ、もし体毛《たいもう》が気《き》になるようであれば、自分《じぶん》でケアすることもできます。

ワックス、脱毛《だつもう》クリーム、レーザー脱毛《だつもう》など方法《ほうほう》はいろいろありますが、自宅《じたく》で行《おこな》うには「カミソリ（剃《そ》る部分《ぶぶん》に合《あ》った肌専用《はだせんよう》のもの）」や「電気《でんき》シェーバー」を使《つか》ったケアがおすすめです。

シェービングクリームやジェルで肌《はだ》を保護《ほご》したうえで、しっかり剃《そ》るには「カミソリ」、肌《はだ》に優《やさ》しくけがをしにくいことを優先《ゆうせん》するなら「電気《でんき》シェーバー」と、それぞれ特徴《とくちょう》があります。

使《つか》うときは、カミソリの刃《は》の部分《ぶぶん》を触《さわ》ったり落《お》としたりしないよう、注意《ちゅうい》してください。けがを防《ふせ》ぐためにも、最初《さいしょ》は大人《おとな》といっしょに使《つか》うとよいですね。
また、使《つか》った後《あと》は水洗《みずあら》いして自然乾燥《しぜんかんそう》させ、湿気《しっけ》の少《すく》ない場所《ばしょ》で保管《ほかん》します。清潔《せいけつ》な状態《じょうたい》を保《たも》ったり肌《はだ》を傷《きず》つけないためにも、刃《は》は定期的《ていきてき》に交換《こうかん》するようにしましょう。

ONE《わん》 POINT

- ⇩思春期《ししゅんき》になると、性器《せいき》のまわりやわきの下《した》に毛《け》が生《は》えたり、顔《かお》・足《あし》・腕《うで》などの毛《け》が濃《こ》くなったりする
- ⇩体毛《たいもう》には体《からだ》を守《まも》る役割《やくわり》がある
- ⇩体毛《たいもう》はカミソリなどでケアできる。けがを防《ふせ》ぐためにも、最初《さいしょ》は大人《おとな》といっしょに

ニキビ、汗《あせ》が気《き》になる

ニキビは、中学生《ちゅうがくせい》あたりの時期《じき》に、性《せい》ホルモンの影響《えいきょう》でできやすくなります。ホルモンの分泌《ぶんぴつ》が増《ふ》えると皮脂《ひし》（あぶら）の分泌《ぶんぴつ》も盛《さか》んになり、毛穴《けあな》がつまりやすくなります。するとアクネ菌《きん》などが増《ふ》えて炎症《えんしょう》し、ニキビと呼《よ》ばれる状態《じょうたい》になります。**皮脂《ひし》の分泌《ぶんぴつ》は男《おとこ》の子《こ》のほうが多《おお》いので、どんなに清潔《せいけつ》にしていてもニキビに悩《なや》むことが多《おお》い**ものです。ブツブツとできるので、気《き》になり指《ゆび》などでつぶしてしまうと、さらに炎症《えんしょう》を起《お》こしてひどくなったり、あとが残《のこ》ってしまうことがあります。清潔《せいけつ》に保《たも》つことを心《こころ》がけると効果的《こうかてき》です。

また、汗《あせ》のツンとするにおいも気《き》になるところ。汗《あせ》には、体温《たいおん》を調節《ちょうせつ》する大事《だいじ》な役割《やくわり》があります。アポクリン腺《せん》という汗《あせ》をかく器官《きかん》が発達《はったつ》することで、においが変化《へんか》するのです。**においが気《き》になるときには、まずは、清潔《せいけつ》にすることからはじめましょう。気《き》になるときはにおいをおさえるスプレーやシートなどの制汗剤《せいかんざい》を使《つか》ってみましょう。**

ONE《わん》 POINT

⇩ニキビも汗《あせ》も、対策《たいさく》として清潔《せいけつ》にすることが大切《たいせつ》

⇩バランスのよい食事《しょくじ》、睡眠《すいみん》を心《こころ》がけて、生活《せいかつ》リズムを整《ととの》える

⇩誰《だれ》にでも体臭《たいしゅう》はあるものなので、汗《あせ》のにおいは気《き》にしすぎないで

⇩気《き》になる場合《ばあい》は、皮《ひ》ふ科《か》などの専門医《せんもんい》に相談《そうだん》しよう

ニキビができる原因《げんいん》

- 肌《はだ》のあぶらの分泌《ぶんぴつ》が増《ふ》えたため
- あぶらが毛穴《けあな》につまりやすくなるため
- アクネ菌《きん》などの細菌《さいきん》が増《ふ》えたため
- 生活《せいかつ》リズムの乱《みだ》れ、ストレス、乾燥《かんそう》や刺激《しげき》など

ニキビ対策《たいさく》

- 洗顔料《せんがんりょう》でやさしく洗《あら》い、清潔《せいけつ》にする
- 皮脂《ひし》がつきやすい枕《まくら》カバーはこまめに交換《こうかん》する
- 肌荒《はだあ》れに効果的《こうかてき》なビタミンを含《ふく》む野菜《やさい》や果物《くだもの》をとる

ちょっと心配《しんぱい》？「声《こえ》変《が》わり」

「大人《おとな》の男《おとこ》の人《ひと》は声《こえ》が太《ふと》くて低《ひく》いのに、子《こ》どもは男《おとこ》の子《こ》でも声《こえ》が高《たか》いなぁ」と、不思議《ふしぎ》に思《おも》ったことはありませんか。

実際《じっさい》に、大人《おとな》の男《おとこ》の人《ひと》の声《こえ》は、子《こ》どもの声《こえ》よりも※1オクターブほど低《ひく》いのです。その理由《りゆう》は、**成長《せいちょう》するにしたがって、のどの奥《おく》にある声《こえ》を出《だ》すための「声帯《せいたい》」という器官《きかん》が長《なが》く厚《あつ》くなるから。**それといっしょに、**のどの真《ま》ん中《なか》ぐらいにある「のどぼとけ」も、ボコッと出《で》て目《め》立《だ》つようになります。**こののどぼとけが、目《め》立《だ》つようになってきたら、声《こえ》変《が》わりの合《あい》図《ず》ともいえます。

早《はや》い場《ば》合《あい》では小学校高学年《しょうがっこうこうがくねん》ぐらいから声帯《せいたい》が大《おお》きくなり、「声《こえ》変《が》わり（変声《へんせい》）」が始《はじ》まって声《こえ》が低《ひく》くなります。ただ、声帯《せいたい》は大《おお》きくなっても発声《はっせい》を調節《ちょうせつ》する筋肉《きんにく》の発育《はついく》が間《ま》に合《あ》わないことが多《おお》いので、声《こえ》がかすれたり、出《だ》しにくくなったりします。人《ひと》によっては、まったく声《こえ》が出《だ》せなくなることも。急《きゅう》に声《こえ》が出《で》なくなってしまったら、あせっ

※1オクターブ：「ドレミファソラシ」までが、ひとつのオクターブ。その次《つぎ》にある「ド」が、ひとつ上《うえ》のオクターブになります。

声《こえ》変《が》わり中《ちゅう》に
やらないほうがいいこと

○長時間《ちょうじかん》の会話《かいわ》をしない

○無理《むり》に歌《うた》わない

○大《おお》きな声《こえ》を出《だ》さない

てしまいますよね。でも、大丈夫《だいじょうぶ》。これも成長《せいちょう》のあかしのひとつだからです。

声《こえ》が出《だ》しにくくなって低《ひく》くなっていくこの時期《じき》を、「変声期《へんせいき》」といいます。多《おお》くの場合《ばあい》、変声期《へんせいき》は**半《はん》年《とし》から1年《ねん》ほど続《つづ》き、本《ほん》当《とう》に声《こえ》が安定《あんてい》するまで3〜4年《ねん》かかる**ともいわれます。変声期《へんせいき》の時期《じき》に無《む》理《り》に声《こえ》を出《だ》そうとすると、声帯《せいたい》を傷《きず》つけてしまうので注意《ちゅうい》しましょう。

声変《こえが》わり中《ちゅう》、こんな

困《こま》った＆対処法《たいしょほう》

Q

いつまでも高《たか》い声《こえ》なのが恥《は》ずかしい

A

声変《こえが》わりの時期《じき》には、個人差《こじんさ》があるので、早《はや》い人《ひと》、遅《おそ》い人《ひと》、変《か》わらない人《ひと》もいます。18歳《さい》くらいには落《お》ち着《つ》きます。

Q

音楽《おんがく》の時間《じかん》、歌《うた》が歌《うた》えない

A

できる範囲《はんい》で歌《うた》う、歌《うた》うときのキーを変《か》えてもらうなど、声変《こえが》わりについては、音楽《おんがく》の先生《せんせい》も理解《りかい》しているので、相談《そうだん》してみましょう。

Q

部活《ぶかつ》での声出《こえだ》しってしていいいの？

A

のどへの負担《ふたん》がかかるので、できれば避《さ》けたいところです。部活顧問《ぶかつこもん》などに、声変《こえが》わりのため大声《おおごえ》が出《だ》せない、出《だ》しにくいことを相談《そうだん》してみましょう。

Q

声変《こえが》わりが落《お》ち着《つ》いたら、ちゃんと歌《うた》えるの？

A

声変《こえが》わりで声帯《せいたい》が伸《の》びた状態《じょうたい》になっているので、直後《ちょくご》は歌《うた》いにくく、音痴《おんち》と感《かん》じることも。しばらくすると声《こえ》が安定《あんてい》してくるので、歌《うた》いやすくなります。

Q

「声変《こえが》わり」なの？「風邪《かぜ》」なの？

A

発熱《はつねつ》、鼻《はな》づまりがなく、のどの不《ふ》快感《かいかん》が大《おお》きければ、声変《こえが》わりかもしれません。

声《こえ》変《が》わりが落《お》ち着《つ》いてから、前《まえ》のように歌《うた》えない、高《たか》い声《こえ》が出《だ》せないなどから、音《おん》痴《ち》になったと感《かん》じる人《ひと》もいるかもしれません。声《こえ》を出《だ》す感覚《かんかく》が変《か》わったことを自覚《じかく》し、少《すこ》しずつ歌《うた》う練習《れんしゅう》をしてみましょう。

ちなみに、女《おんな》の人《ひと》にも声《こえ》変《が》わりはあります。ただし、女性《じょせい》の場合《ばあい》は声帯《せいたい》が少《すこ》ししか伸《の》びないので、声《こえ》も2～3音《おん》しか変《か》わらないことがほとんど。そのため、本人《ほんにん》やまわりの人《ひと》たちも気《き》づかないことが多《おお》いのです。

ONE《わん》 POINT

⇩成長《せいちょう》するにしたがって「声《こえ》変《が》わり（変声《へんせい》）」が起《お》きて、声《こえ》が低《ひく》くなる

⇩変声期《へんせいき》は半年《はんとし》から1年《ねん》ほど続《つづ》く

⇩変声期《へんせいき》の間《あいだ》は、声《こえ》がかすれたり、出《だ》しにくくなる

比《くら》べたくないのに気《き》になる、友《とも》達《だち》との違《ちが》い

「あいつはもう、陰毛《いんもう》が生《は》えているのに、自分《じぶん》はまだ……」と不安《ふあん》になったり、逆《ぎゃく》に「まわりはまだなのに、自分《じぶん》だけ陰毛《いんもう》が生《は》えた」と恥《は》ずかしくなったり。

体《からだ》の成長《せいちょう》の早《はや》い・遅《おそ》いだけでなく、「みんなのノリに、ついていけないんだよな」など、友達《ともだち》との関係《かんけい》や自分《じぶん》の性格《せいかく》について悩《なや》むこともあるかもしれません。

体《からだ》や心《こころ》が大《おお》きく変《か》わっていく思春期《ししゅんき》。自分《じぶん》だけでなく、**まわりの友達《ともだち》も変《か》わっていくため、その変化《へんか》についていけずにとまどってしまうこともあるでしょう。**

さらに、最近《さいきん》はインターネット動画《どうが》、テレビ、ＳＮＳなどから発信《はっしん》される情報《じょうほう》も多《おお》いため、無意識《むいしき》のうちに「○○でなければいけない」「○○のほうがいい」というイメージがすりこまれてしまっている場合《ばあい》もあるでしょう。

この時期《じき》は、まわりに対《たい》してコンプレックスや引《ひ》け目《め》を感《かん》じて悩《なや》むことが多《おお》いものです。

「コンプレックスに感《かん》じてしまうのは、自分《じぶん》だけではない」という視点《してん》をもってみましょう。不《ふ》安《あん》な気持《きも》ちを、信頼《しんらい》できる友達《ともだち》に話《はな》してみてもいいかもしれませんね。

友達《ともだち》と比《くら》べるのではなく、あなたの個性《こせい》を大切《たいせつ》に。同《おな》じ人間《にんげん》はいないのだから、みんな違《ちが》っていてあたりまえです。少《すこ》しずつ訓練《くんれん》していくことで、自分《じぶん》だけでなく、まわりの人《ひと》の「その人《ひと》らしさ」も大切《たいせつ》にできるようになるはずです。

比《くら》べなくても
いい。
きみはきみブル

イライラしがちな会話《かいわ》の変換術《へんかんじゅつ》

「もう、うるさいなっていってるだろ!」「べつに……」などと家族《かぞく》にいってしまった経験《けいけん》がある人《ひと》もいるかもしれません。家族《かぞく》と過《す》ごす休日《きゅうじつ》や、親《おや》と関《かか》わるのがなんだか、めんどくさい、うっとうしいと感《かん》じることは、親《おや》からの自立《じりつ》をし始《はじ》めているというきざしであり、順調《じゅんちょう》な成長《せいちょう》です。今《いま》まで親《おや》が守《まも》って、手伝《てつだ》って、道《みち》を教《おし》えてとそばにいましたが、これからは**大人《おとな》になるために自立《じりつ》の準備《じゅんび》を始《はじ》めます。**

この自立《じりつ》は、ひとり暮《ぐ》らしをするなどの物理的《ぶつりてき》な自立《じりつ》とは違《ちが》い、「**精神的《せいしんてき》な自立《じりつ》**」です。物理的《ぶつりてき》な自立《じりつ》は、まだもうちょっと先《さき》になります。

さらに、気持《きも》ちがジェットコースターのようになり、テンションが上《あ》がったと思《おも》ったら、急降下《きゅうこうか》したり、イライラしたりと不安定《ふあんてい》にもなります。

親《おや》とは違《ちが》う自分《じぶん》の価値観《かちかん》を信《しん》じて、親《おや》に反抗《はんこう》して離《はな》れようとがんばることはとてもエネルギーがいること。それでもこの「親《おや》からの自立《じりつ》」を乗《の》り越《こ》えないとなりません。

自立《じりつ》をすることで、自分《じぶん》らしさを確立《かくりつ》する必要《ひつよう》があるからです。

ただ、毎日《まいにち》イライラと過《す》ごすのも大変《たいへん》。「こういうことが自分《じぶん》はイヤだった」「ちょっと今《いま》は、ひとりでいたい」など**自分《じぶん》の気持《きも》ちをちゃんと言葉《ことば》にしてみましょう。**

自分《じぶん》の気持《きも》ちを相手《あいて》に伝《つた》えることで、相手側《あいてがわ》もあなたの気持《きも》ちを知《し》ることができて安心《あんしん》します。

こんな感《かん》じで、言《い》い換《か》えてみては？

- 「うるさいな！」
  - 「ちゃんと聞《き》いているから、何回《なんかい》もいわなくていいよ」
- 「うざい」
  - 「自分《じぶん》で考《かんが》えたいから、ひとりにしてほしい」
- 「むかつく」
  - 「困《こま》るからこういうことは、しないでほしい」
- 「もういいよ」
  - 「自分《じぶん》でもよくわからないから、ちょっとまって」

イライラするのも疲《つか》れるから、気持《きも》ちを伝《つた》えてみるブル

思《し》春《しゅん》期《き》男《だん》子《し》、なにを考《かんが》えているの？

会話《かいわ》をする回数《かいすう》が減《へ》る思春期《ししゅんき》のころは、親《おや》からすると男《おとこ》の子《こ》がなにを考《かんが》えているのかわからないという悩《なや》みも多《おお》く聞《き》きます。そのころの男《おとこ》の子《こ》が考《かんが》えていることは「エロいことばっかりなんだろう」と思《おも》われがちですが、最近《さいきん》の思春期男子《ししゅんきだんし》はそればかりではないといえそうです。

もちろん個人差《こじんさ》があるのですが、**性的《せいてき》なことをあまり考《かんが》えていない、フィクションで暴力的《ぼうりょくてき》な性表現《せいひょうげん》を目《め》にし、性《せい》に対《たい》する嫌悪感《けんおかん》をもっているという思春期男子《ししゅんきだんし》もいます。**価値観《かちかん》も多様化《たようか》し、恋愛《れんあい》や性的欲求《せいてきよっきゅう》などが控《ひか》えめな人《ひと》が増《ふ》えてきていたり、将来《しょうらい》的《てき》に子《こ》どもをもちたいと思《おも》わない人《ひと》も増《ふ》えています。

昔《むかし》に比《くら》べて、世《よ》の中《なか》には情報《じょうほう》が溢《あふ》れており、ひとりでも楽《たの》しめる娯楽《ごらく》が身近《みぢか》に多《おお》く存在《そんざい》し、それらを楽《たの》しむために多《おお》くの時間《じかん》をさけるようになりました。

以前《いぜん》の思春期男子《ししゅんきだんし》に比《くら》べ、性的《せいてき》なことを考《かんが》える以外《いがい》の選択肢《せんたくし》が増《ふ》えたということです。

また、小学生《しょうがくせい》や中学生《ちゅうがくせい》は、学校《がっこう》や習《なら》い事《ごと》など日常《にちじょう》が忙《いそが》しく、スポーツに夢中《むちゅう》になっていたり勉強《べんきょう》に打《う》ち込《こ》んでいたりすると、性的《せいてき》なことまで考《かんが》えられない場合《ばあい》もあるかもしれません。

思春期男子《ししゅんきだんし》の考《かんが》えていること

- セルフプレジャー、包茎《ほうけい》、性器《せいき》について気《き》にしている
- 趣味《しゅみ》や興味《きょうみ》のあることなど性的《せいてき》なこと以外《いがい》も考《かんが》えている
- 性《せい》に対《たい》する嫌悪感《けんおかん》をもつ人《ひと》もいる

など

選択肢《せんたくし》が増《ふ》えて忙《いそが》しいブル

ひとりになれる空間《くうかん》をつくる

自立《じりつ》したいけれど、自立《じりつ》することへの不安《ふあん》が入《い》り混《ま》じっている時期《じき》、ずっと同《おな》じ空《くう》間《かん》にいるのが、よりストレスとなってしまうこともあるので、**子《こ》どもがひとりになれる空間《くうかん》が必要《ひつよう》**になります。

ドアがあるようなひとり部屋《べや》が理想《りそう》。自分《じぶん》だけになれる空間《くうかん》なので、心《こころ》も解放《かいほう》され、ほっとできるでしょう。セルフプレジャー（112ページ）をするようになったら、とくにひとりの空間《くうかん》が必要《ひつよう》です。親《おや》が部屋《へや》に入《はい》るときには、ノックをして返事《へんじ》をするまで入《はい》らないなどのルールをつくっておけば、お互《たが》いに気《き》まずい思《おも》いをしないですみます。

住居《じゅうきょ》の都合《つごう》で、ひとり部屋《べや》が厳《きび》しいというときも、**寝《ね》るときはひとりになれるように、簡易《かんい》カーテンやパーテーション、家具《かぐ》などで仕切《しき》りをつくるなどの工夫《くふう》を。**

性別《せいべつ》の違《ちが》う兄弟姉妹《きょうだいしまい》のときには、性《せい》ホルモンが高《たか》まってくるころには着替《きが》える場所《ばしょ》を分《わ》けるなどの配慮《はいりょ》が必要《ひつよう》でしょう。下着《したぎ》の洗濯《せんたく》を分《わ》けたり、入浴《にゅうよく》は別々《べつべつ》にするなど、

仕切《しき》りをつくる工夫《くふう》をする

ひとり部屋《へや》の確保《かくほ》が難《むず》しいときは、簡易《かんい》カーテンで仕切《しき》ってひとりの空間《くうかん》をつくるなど

男女《だんじょ》で一緒《いっしょ》にしないようにします。

また、「会話《かいわ》もしたくない」という時《じ》期《き》だったら、親《おや》の側《がわ》も**必要最低限《ひつようさいていげん》の会《かい》話《わ》にシフトチェンジ**。「おかえり、学校《がっこう》どうだった？ どんな授業《じゅぎょう》したの？ 誰《だれ》と遊《あそ》んだの？」などと聞《き》かず、ぐっとこらえて「おかえり。おやつ食《た》べる？」のみにするなど。干渉《かんしょう》しすぎないことを心《こころ》がけてみましょう。

せっかく
話《はな》しかけて
きてくれたら
親《おや》もスマホから
目《め》を離《はな》して
向《む》き合《あ》うブル

思《し》春《しゅん》期《き》と反《はん》抗《こう》期《き》って違《ちが》うの？

思春期《ししゅんき》と同《おな》じくらい気《き》になるのが、反抗期《はんこうき》。どちらも家族《かぞく》と会話《かいわ》をしたがらない、不《ふ》機嫌《きげん》、イライラしているなど似《に》ているところも多《おお》くあります。思春期《ししゅんき》と反抗期《はんこうき》の違《ちが》いはなんでしょうか。

思春期《ししゅんき》は、今《いま》までも解説《かいせつ》してきたように**大人《おとな》になるために体《からだ》と心《こころ》が大《おお》きく成長《せいちょう》する時期《じき》**のこと。第二次性徴《だいにじせいちょう》も含《ふく》まれます。**思春期《ししゅんき》は、誰《だれ》にでも訪《おとず》れます。**

一方《いっぽう》、反抗期《はんこうき》は2回《かい》あるといわれています。2歳前後《さいぜんご》にあるイヤイヤ期《き》が1回目《かいめ》の反抗期《はんこうき》。このときに思《おも》いっきりあばれさせておくと、そのあと2回目《かいめ》の反抗期《はんこうき》のときは軽《かる》くてすむはずだという考《かんが》え方《かた》もあります。

2回目《かいめ》の反抗期《はんこうき》は、中学生《ちゅうがくせい》や高校生《こうこうせい》の頃《ころ》に訪《おとず》れます。「うざい」「だるい」「めんどくさい」などといったり、常《つね》にイライラしていたり、親《おや》に反抗的《はんこうてき》な態度《たいど》をとるようになります。ただし、この2回目《かいめ》の反抗期《はんこうき》は誰《だれ》にでもあるということはなく、個人差《こじんさ》があります。反抗期《はんこうき》がなかったという場合《ばあい》もあるのです。
反抗期《はんこうき》がないといけないのでしょうか。昔《むかし》は、親子《おやこ》での価値観《かちかん》のズレが大《おお》きく、親《おや》がその価値観《かちかん》を子《こ》どもに押《お》し付《つ》けてくることに反抗《はんこう》する傾向《けいこう》にありました。最近《さいきん》は、「友達親子《ともだちおやこ》」という言葉《ことば》もあるくらい親子《おやこ》の価値観《かちかん》が近《ちか》くなってきていて、それほど反《はん》抗《こう》しないという子《こ》どもも増《ふ》えているという見方《みかた》もできます。

思春期《ししゅんき》

- 人生《じんせい》で一度《いちど》だけ、誰《だれ》にでも訪《おとず》れる
- 性《せい》ホルモンの分泌《ぶんぴつ》により起《お》こる
- 体《からだ》と心《こころ》に変化《へんか》がおとずれる

反抗期《はんこうき》

- 人生《じんせい》で2回《かい》訪《おとず》れることもある
- 反抗期《はんこうき》のない人《ひと》もいる
- 日々《ひび》、子《こ》どもに向《む》き合《あ》っていることが大事《だいじ》になる

反抗期《はんこうき》かなと思《おも》ったら「しめしめ順調《じゅんちょう》に成長《せいちょう》している」と思《おも》うブル

思《し》春《しゅん》期《き》の性《せい》トラブルに対《たい》処《しょ》する

スカートめくり、ズボン下《おろ》し、カンチョー、金《きん》蹴《け》り……**これらはじつは、性《せい》暴力《ぼうりょく》やセクハラのひとつといえるのです。**

性器《せいき》や性《せい》に関《かか》わる部分《ぶぶん》は、その人《ひと》のプライベートパーツです。他人《たにん》が勝手《かって》に触《さわ》ったりしてはいけません。笑《わら》っていたけれど、イヤといえなかっただけで、じつは深《ふか》く傷《きず》ついてしまっているかもしれません。

男《おとこ》の子《こ》によくあるのが、友達同士《ともだちどうし》の下《しも》ネタ話《ばなし》。「あのアイドルの胸《むね》でぬける」「昨日《きのう》は何回《なんかい》もオナニーしちゃった」という話《はなし》をして、友達同士《ともだちどうし》で盛《も》り上《あ》がっていることもあるかもしれません。みんなで情報《じょうほう》を共有《きょうゆう》するのは悪《わる》いことではありませんが、これも、聞《き》いている相手《あいて》がイヤだ、**不快《ふかい》だと思《おも》っていそうだったら、遠慮《えんりょ》するのがマナーです。**

男《おとこ》の子《こ》の友達同士《ともだちどうし》では、下《しも》ネタ話《ばなし》に参加《さんか》してこないということで、ノリが悪《わる》いと決《き》めつけたり、仲間《なかま》外《はず》れなどのいじめにつながることもあります。

こんなとき、どうする？

ふざけて、同級生《どうきゅうせい》の男《おとこ》の子《こ》に、
ズボンを脱《ぬ》がされた男《おとこ》の子《こ》。
まわりの子《こ》たちは、おもしろがって笑《わら》っていた。
どうする？

子《こ》ども　もし自分《じぶん》だったら、ちゃんとイヤといってみる

もし自分《じぶん》がやられた本人《ほんにん》だとしたら、「イヤだ」といえるようにしたい。
もし自分《じぶん》がやられている子《こ》を見《み》ているとしたら、まわりに合《あ》わせて笑《わら》わず「これ、おもしろくないよ」といったり、「プライベートゾーンだよ」といってみても。

大人《おとな》　相談《そうだん》されたら、まず同調《どうちょう》をすること

「そうだったんだね。それはイヤだね」

何度《なんど》もくり返《かえ》しされていたら、担任《たんにん》の先生《せんせい》に相談《そうだん》しても。

「先生《せんせい》に相談《そうだん》に一緒《いっしょ》にいこうか」

「何《なに》かお手伝《てつだ》いできることはある？」

などの声《こえ》かけを。


⇨積極的《せっきょくてき》に被害《ひがい》を止《と》める行動《こうどう》もあります。P.192で紹介《しょうかい》します。

本当《ほんとう》は参加《さんか》したくないのに、参加《さんか》しない自分《じぶん》が悪《わる》いのではと感《かん》じる必要《ひつよう》はありません。イヤだと思《おも》ったらはっきりと伝《つた》えたり、その場《ば》からそっと離《はな》れるなどの方法《ほうほう》もあります。

「デートDV」という言葉《ことば》は、交際《こうさい》相手《あいて》からふるわれる暴力《ぼうりょく》のことをいいます。好《す》きな相手《あいて》の要求《ようきゅう》だから、断《ことわ》れない、応《こた》えるのが恋人《こいびと》の務《つと》めと思《おも》ってしまうことがあります。無視《むし》する、非難《ひなん》する、コントロールしようとする、束《そく》ばくする、メールやアプリを勝手《かって》に見《み》る、裸《はだか》の写真《しゃしん》を要求《ようきゅう》するなどはデートDVといえます。体《からだ》への暴力《ぼうりょく》、心《こころ》への暴力《ぼうりょく》、性的《せいてき》な暴力《ぼうりょく》などがありますが、どんな事情《じじょう》があっても暴力《ぼうりょく》をふるうことが正《ただ》しいということはありません。暴力《ぼうりょく》をふるわれる関係性《かんけいせい》は、恋人《こいびと》とはいえません。

ONE《わん》 POINT

- ⇩相手《あいて》がイヤだ、不快《ふかい》だと思《おも》ったら、それは性暴力《せいぼうりょく》
- ⇩イヤだと思《おも》ったら、はっきりと伝《つた》える
- ⇩相談《そうだん》されたら否定《ひてい》せずに味方《みかた》になる

column Q&A

Q

うんち、おしっこ、ちんちん、おしり しかいわない

A

幼児《ようじ》から小学校低学年《しょうがっこうていがくねん》ごろに、このような言葉《ことば》のブームがくる傾向《けいこう》にあります。家《いえ》でも外《そと》でもところかまわずいわれるのが悩《なや》みでしょう。誰《だれ》かがいいだしたら、それをマネて大合唱《だいがっしょう》……ということもあるあるです。

子《こ》どもにとって、性《せい》に関《かん》する言葉《ことば》というよりは、大人《おとな》の反応《はんのう》がおもしろい、うんちやおしっこが出《で》る場所《ばしょ》として興味《きょうみ》があって連呼《れんこ》していたりします。とくに幼児《ようじ》の場合《ばあい》、トイレトレーニングにより、うんちやおしっこを出《だ》せたことが成功体験《せいこうたいけん》となり、誇《ほこ》らしいことというイメージになっている場合《ばあい》もあり、うんちなどの言葉《ことば》が大好《だいす》きなのです。

街中《まちなか》やお店《みせ》などで大声《おおごえ》でいわれるのは気《き》になるところです。

真顔《まがお》で次《つぎ》のようにくり返《かえ》しつたえていきましょう。

それを聞《き》いてイヤな気持《きも》ちになる人《ひと》もいるから、外《そと》ではいわないようにしよう

お母《かあ》さんは、それおもしろいと思《おも》わないんだけど

やっているあなたがはずかしいんだよ

強《つよ》く禁止《きんし》をしたところで、やめるものでもありません。いつか成長《せいちょう》とともにいわなくなる日《ひ》がくると思《おも》い、見守《みまも》るようにしましょう。

外《そと》で、おしりなどを見《み》せようとすることもあるかもしれません。

プライベートゾーンだから、人《ひと》に見《み》せるものじゃないよ

などと、説明《せつめい》をしてみましょう。

Q

ドラマのベッドシーンを家族《かぞく》で見《み》てしまった

A

大人《おとな》のほうが気《き》まずく感《かん》じて、テレビを消《け》したり、チャンネルを変《か》えたり、話題《わだい》を変《か》えたりするかもしれません。親《おや》の動揺《どうよう》が伝《つた》わり、子《こ》どもも「これは隠《かく》さなきゃいけない、恥《は》ずかしいことなんだ!」とインプットしてしまうものです。

一般的《いっぱんてき》に地上波《ちじょうは》のテレビ番組《ばんぐみ》の表現《ひょうげん》には規制《きせい》があり、過度《かど》すぎるシーンはないので、あまり気《き》にしなくても大丈夫《だいじょうぶ》です。過去《かこ》のドラマ、映画《えいが》などについては、やや過激《かげき》なシーンもあるかもしれません。

もし「この人《ひと》たちは、何《なに》しているの?」と質問《しつもん》をされたら、

お互《たが》い大好《だいす》きな相手《あいて》と大人《おとな》のラブラブだよ

と答《こた》えるとよいでしょう。そこで細《こま》かい内容《ないよう》を説明《せつめい》しようとせず、さらっとでいいでしょう。もしも詳細《しょうさい》を知《し》りたがるようなら、性教育《せいきょういく》のいいチャンス。男女《だんじょ》の体《からだ》の違《ちが》いや性交《せいこう》について説明《せつめい》をしてみてもよいかもしれません。

もしレイプシーン、無理《むり》やりな様子《ようす》のものだったら、

イヤがっているんだから、やってはいけないことだね

などと現実ではやってはいけないこと、まちがっているということを伝《つた》えてみてもよいでしょう。

column
Q&A

Q

エッチな本《ほん》や動画《どうが》を隠《かく》していたのを見《み》つけてしまった

A

性的《せいてき》なことに興味《きょうみ》をもつことは、悪《わる》いことではなく、順調《じゅんちょう》な成長《せいちょう》のあかしです。

グラビアの写真集《しゃしんしゅう》や雑誌《ざっし》などは、子《こ》どもでも購入《こうにゅう》ができますが、いわゆる成人向《せいじんむ》けの雑誌《ざっし》などは、年齢制限《ねんれいせいげん》があるので子《こ》どもが購入《こうにゅう》することはできません。動画《どうが》は簡単《かんたん》に検索《けんさく》ができ、見《み》ることができてしまいます。

親《おや》としては隠《かく》してあったことにびっくりし、つい怒《おこ》ってしまったりするかもしれません。この場合《ばあい》は、関係《かんけい》のない文脈《ぶんみゃく》で、

性暴力的《せいぼうりょくてき》な表現《ひょうげん》は、あれってウソなんだよね

などと聞《き》こえるようにつぶやくなどというのはいかがでしょうか。

エッチな本《ほん》や動画《どうが》などは、152ページのようにフィクションであり、リアルではないことを知《し》ってもらうことが大切《たいせつ》です。

もし、子《こ》ども本人《ほんにん》が知《し》らないうちにアダルトコンテンツに課金《かきん》をしていたりしたら、高額請求《こうがくせいきゅう》される可能性《かのうせい》もあるので、話《はなし》を聞《き》き、注意《ちゅうい》するようにしましょう。

親《おや》としても、隠《かく》れて見《み》ているかもしれないと心構《こころがま》えをしておくこともよいかもしれません。それを見《み》つけたときに、どうするかを日頃考《ひごろかんが》えておきましょう。

column Q&A

Q

ひとり部屋《べや》にしたら、出《で》てこなくなった！

A

小学生《しょうがくせい》になると「自分《じぶん》の部屋《へや》がほしい！」といいだすこともあるかもしれません。セルフプレジャーなど、ひとりになれる空間《くうかん》でしかできないこともあるので、ひとり部屋《べや》、ひとりになれるスペースは用意《ようい》してあげたいところです。

でも、部屋《へや》の居心地《いごこち》がよかったり、友達《ともだち》と連絡《れんらく》を取《と》り合《あ》っていたり、家族《かぞく》と距離《きょり》をとりたいなどの理由《りゆう》から、部屋《へや》にこもってしまうこともあると思《おも》います。

家《いえ》の中《なか》に居心地《いごこち》のよい場所《ばしょ》があるのはとてもすばらしいことです。

一緒《いっしょ》に生活《せいかつ》できる時間《じかん》は、そう長《なが》くはありません。食事《しょくじ》の時間《じかん》だけは、家《か》族《ぞく》と過《す》ごすように決《き》めるのもよいでしょう。

もちろん、食事中《しょくじちゅう》はスマホもマンガも禁止《きんし》。食卓《しょくたく》にいる人《ひと》との会話《かいわ》を楽《たの》しんだり、みんなで一緒《いっしょ》にテレビを見《み》てコメントしあったりと、ひとりになりすぎないようにルールを決《き》めてみるのも。

ごはんのときは、スマホを置《お》いて食卓《しょくたく》についてね

この歌《うた》、最近《さいきん》よく聞《き》くけど、知《し》ってる？

気《き》になってる動画《どうが》ってある？ 見《み》てみたいな

テレビや動画《どうが》などに関《かん》することを話《はな》しかけたりしても。

また、家《いえ》の造《つく》りにもよりますが、リビングを通《とお》らないと部屋《へや》に行《い》けないようにするのもよいでしょう。いつ帰《かえ》ってきたのか、部屋《へや》にいるのかわからないなんていうこともあるかもしれません。SNS の家族《かぞく》グループをつくるなどして、せめて連絡《れんらく》だけはするようにと約束《やくそく》をするのもよいですね。

第《だい》2章《しょう》

覚《おぼ》えておきたい体《からだ》と心《こころ》に関《かん》する大切《たいせつ》なこと

境界線《きょうかいせん》や
プライベートゾーン
について学《まな》ぶ

思春期《ししゅんき》について 先《さき》に知《し》っておくといいことが……

う〜ん…
大人《おとな》への一歩《いっぽ》！
「思春期《ししゅんき》」とは？
体《からだ》や心《こころ》の変化《へんか》とは？
ブツブツ
ギクッ
ソータ！時間《じかん》大丈夫《だいじょうぶ》なの？
ママ
うるさいな！別《べつ》に遅《おく》れてないじゃん
今《いま》、行《い》こうと思《おも》ってたんだよ！
ガーン
そ、そっか いってらっしゃいー
初《はじ》めていわれたなー うるさいって…
ホラ きがえて
キャキャー！
時間《じかん》大丈夫《だいじょうぶ》かって聞《き》いただけなのに
ダ

別《べつ》に…
時間大丈夫《じかんだいじょうぶ》？って聞《き》かれただけだったよな…
モヤモヤ
おっ！ソータくん
おはよー
ワン！
訳《やく》：どうした坊《ぼっ》ちゃん なんか元気《げんき》ないブルね
オハヨウ コータニイチャン トクゴロウ
すっごい棒読み！
一方《いっぽう》そのころ
ゴー
帰《かえ》ってきたときにどんな対応《たいおう》したらいいのかな？
成長《せいちょう》してるじゃないか
パパ
う〜ん…
モヤモヤ
そうか なるほどね〜
僕《ぼく》もそういう感《かん》じでいっちゃったことあるな〜
わかるよ
そうなんだよ
なんか つい口《くち》から出《で》ちゃって…
あるある！
学校《がっこう》のあとにでもうちに来《き》なよ
話《はなし》聞《き》くからさ
うん！ありがとうコータ兄《にい》ちゃん！

放課後《ほうかご》
コータ兄《にい》ちゃん家《ち》
こんにちは～
ピンポーン
おっ！
いらっしゃい
コータ兄《にい》ちゃん
入るね！
ガチャ
Kota's Room
どうぞ～！
ワン♡
訳《やく》：準備《じゅんび》は
カンペキだブル！
それでは
いろいろある思春期《ししゅんき》を
うまく乗《の》り越《こ》えていくために
ポイントを覚《おぼ》えておこう!!
1 体《からだ》は清潔《せいけつ》に!
清潔《せいけつ》にしておくことで
病気《びょうき》を防《ふせ》げる
2 今後《こんご》5年間《ねんかん》の成長《せいちょう》を知《し》る!
これから起《お》こる予定《よてい》を知《し》れば、
不安《ふあん》が減《へ》らせる
3 相談《そうだん》できる大人《おとな》を見《み》つける!
話《はなし》を聞《き》いてくれる大人《おとな》がいると安心《あんしん》
⇒72ページにのっているよ
!

もしできるなら これからのことは 小《ちい》さいときから 早《はや》ければ、3歳《さい》あたりから いずれくる思春期《ししゅんき》に向《む》けて 準備《じゅんび》できるといいよね
ぼくじゃん!
ソータの弟《おとうと》
まずわかりやすいのは プライベートゾーンの ことかな
特《とく》に大事《だいじ》な部分《ぶぶん》なので 清潔《せいけつ》にする必要《ひつよう》が あること
…3歳《さい》から!? 今《いま》からじゃ 遅《おそ》いってことか…
アワワワ…
大丈夫《だいじょうぶ》!
これからのことを 知《し》るのに 遅《おそ》くはないよ
まったり
ホッ
そっか〜
思春期《ししゅんき》のこと ちゃんと知《し》っておけば この先《さき》の不安《ふあん》も 乗《の》り越《こ》えられるかも…
がんばれ〜
ありがと
落《お》ちついて 朝《あさ》のこと あやまろう
うるさいって いっちゃって ごめん なさい
ふう〜…

人《ひと》との距離《きょり》をはかる「境《きょう》界《かい》線《せん》」がある

人《ひと》は生《う》まれたときから体《からだ》と心《こころ》に「境界線《きょうかいせん》」をもっています。目《め》に見《み》えるものではありませんが、身体的《しんたいてき》・心理的《しんりてき》に自分《じぶん》が心地《ここち》よいと感《かん》じる人《ひと》との距離《きょり》を保《たも》つ線《せん》で、自分《じぶん》を守《まも》り、安心《あんしん》で安全《あんぜん》に生《い》きるためのバリアともいえます。

この境界線《きょうかいせん》は、人《ひと》によって大《おお》きかったり小《ちい》さかったり、厚《あつ》かったり薄《うす》かったりとさまざま。たとえば、誰《だれ》とでもすぐ仲《なか》よくなるタイプ、警戒心《けいかいしん》が強《つよ》いタイプなど、個人《こじん》によって性格《せいかく》が異《こと》なるように、この境界線《きょうかいせん》の大《おお》きさや厚《あつ》みも人《ひと》によって異《こと》なります。

「体《からだ》の境界線《きょうかいせん》」は、自分《じぶん》と人《ひと》との物理的《ぶつりてき》な距離《きょり》のこと。家族《かぞく》でもハグしたいとき、反《はん》対《たい》にそばに来《き》てほしくないときがあるかと思《おも》います。今《いま》、どのくらいの距離《きょり》が自分《じぶん》は心地《ここち》よいと感《かん》じるのか、自分《じぶん》で考《かんが》えて相手《あいて》に伝《つた》える必要《ひつよう》があります。

「心《こころ》の境界線《きょうかいせん》」は、自分《じぶん》の気持《きも》ちや考《かんが》えは自分《じぶん》のものとして確立《かくりつ》していて、人《ひと》とは心《ここ》地《ち》よい距離《きょり》を保《たも》ってよいということ。「ちょっと違《ちが》うな」と思《おも》ったら、人《ひと》のいいなりに

人《ひと》によって境界線《きょうかいせん》は違《ちが》う

**境界線《きょうかいせん》の大《おお》きい
警戒心《けいかいしん》が
強《つよ》いタイプ**

**境界線《きょうかいせん》の小《ちい》さい
誰《だれ》とでも
仲《なか》よくなるタイプ**

**許可《きょか》なく境界線《きょうかいせん》に
入《はい》られるときは
ピンチのとき**

ならなくてもよいのです。

この境界線《きょうかいせん》が、ピンチになるときがあります。それは、自分《じぶん》が許可《きょか》していないのに、境界線《きょうかいせん》の内側《うちがわ》に入《はい》ってこられたとき。たとえば、暴力《ぼうりょく》をふるわれたり、ベタベタ触《さわ》られたとき。個人的《こじんてき》な事情《じじょう》に踏《ふ》み込《こ》んだことをいわれたり、強要《きょうよう》されたとき。モヤモヤしたり、イヤな気持《きも》ちになったりします。その**「イヤだ」という気持《きも》ちは、大事《だいじ》なこと。自分《じぶん》の体《からだ》は自分《じぶん》のもの、自分《じぶん》の心《こころ》は自分《じぶん》のものなのです。**

人《ひと》は、「からだの保全《ほぜん》」「からだの自己決定権《じこけっていけん》」といった権利《けんり》をもっています。

「からだの保全《ほぜん》」とは、個人《こじん》の心身《しんしん》をそのままの状態《じょうたい》で保護《ほご》すること。個人《こじん》のプライバシーや境界線《きょうかいせん》が守《まも》られ、誰《だれ》からも侵害《しんがい》されていない状態《じょうたい》のことです。

「からだの自己決定権《じこけっていけん》」とは、自分《じぶん》の体《からだ》について、選択《せんたく》できるということ。「いつ、どこで、誰《だれ》と、どのような性的《せいてき》な関係《かんけい》をもつか、もたないか。子《こ》どもを生《う》むか、生《う》まないか、いつ生《う》むか」という選択《せんたく》を自分《じぶん》で選《えら》べる権利《けんり》があります。

これら**「からだの保全《ほぜん》」「からだの自己決定権《じこけっていけん》」が侵害《しんがい》されたら性暴力《せいぼうりょく》であると、国《こく》連《れん》女性機関《じょせいきかん》で決《き》められています。**

性《せい》と生殖《せいしょく》の権利《けんり》

セクシュアリティと身体《しんたい》や健康《けんこう》を守《まも》る考《かんが》え方《かた》がある。

- **自分《じぶん》の体《からだ》は自分《じぶん》のもの**
- **自分《じぶん》のセクシュアリティは自由《じゆう》に定義《ていぎ》できる**
- **性的《せいてき》な行動《こうどう》をとるか、とらないか自分《じぶん》で決《き》められる**
- **自由《じゆう》に性《せい》のパートナーを選《えら》ぶことができる**
- **いつ、誰《だれ》と、結婚《けっこん》するか、それとも結婚《けっこん》しないかを選《えら》べる**
- **子《こ》どもをもつかどうか、もつならいつ、どのように、何人《なんにん》の子《こ》どもをもつか選《えら》べる　など**

※国際家族計画連盟《こくさいかぞくけいかくれんめい》（IPPF）「セクシュアル・リプロダクティブ・ヘルス／ライツ（性《せい》と生殖《せいしょく》の健康《けんこう》と権利《けんり》：SRHR）の新定義《しんていぎ》」参照《さんしょう》

性《せい》被害《ひがい》、いじめ、児童虐待《じどうぎゃくたい》など子《こ》どもが被害者《ひがいしゃ》になる事例《じれい》が後《あと》をたたない今《いま》、改《あらた》めて子《こ》どもの人権《じんけん》を守《まも》るための活動《かつどう》が積極的《せっきょくてき》に行《おこな》われています。

１９８９年《ねん》に採択《さいたく》された、世界《せかい》の国々《くにぐに》で話《はな》し合《あ》い決《き》まった「こどもの権利条約《けんりじょうやく》」があります。子《こ》どもが幸《しあわ》せに生《い》きていくために、守《まも》られるべき権利《けんり》が決《き》められています。

この条約《じょうやく》でいう子《こ》どもは、18歳未満《さいみまん》の人《ひと》のことです。「こどもの」とありますが、子《こ》どもを育《そだ》てる親《おや》もこの条約《じょうやく》を守《まも》っていかなければならないといわれています。**差別《さべつ》されないこと、子《こ》どもの人生《じんせい》は子《こ》どものものであること、生《い》きる権利《けんり》があることなどが提《てい》示《じ》されています。**

ONE《わん》 POINT

- **人《ひと》がそれぞれもつ体《からだ》と心《こころ》の「境界線《きょうかいせん》」の内側《うちがわ》にむやみに立《た》ち入《い》ってはいけない／立《た》ち入《い》られたら断《ことわ》ってもよい**
- **小《ちい》さい子《こ》どもにも、人権《じんけん》はある**

プライベートゾーンは触《さわ》らない、触《さわ》らせない

自分《じぶん》の体《からだ》は自分《じぶん》のものであり、他人《たにん》が許可《きょか》なく触《さわ》ってはいけないものです。**とくに触《さわ》ってはいけないところを、「プライベートゾーン（自分《じぶん》だけの体《からだ》の大事《だいじ》なところ）」といいます。**

他人《たにん》（家族《かぞく》も含《ふく》まれる）が許可《きょか》なく勝手《かって》に触《さわ》ったり、触《さわ》らせたり、見《み》たり、見《み》せたりしてはいけない部分《ぶぶん》のことです。基本的《きほんてき》には、水着《みずぎ》で隠《かく》れる胸《むね》、性器《せいき》、おしり、さらに口《くち》です。ここは、命《いのち》にかかわる部分《ぶぶん》でもあるので、大切《たいせつ》にしなければなりません。男《おとこ》の子《こ》でも、胸《むね》はプライベートゾーンになります。

プライベートゾーンについて伝《つた》えるべき明確《めいかく》なタイミングはないのですが、男《おとこ》の子《こ》と女《おんな》の子《こ》で体《からだ》に違《ちが》いがあると気《き》づき、**自分《じぶん》の体《からだ》に興味《きょうみ》をもちはじめる2～3歳《さい》あたりがおすすめです。**お父《とう》さんとお母《かあ》さんの体《からだ》の違《ちが》いが気《き》になったりしたときなど、プライベートゾーンがあること、とても大事《だいじ》なところだから他人《たにん》が勝手《かって》に触《さわ》ったりしては

プライベートゾーンについて教《おし》える

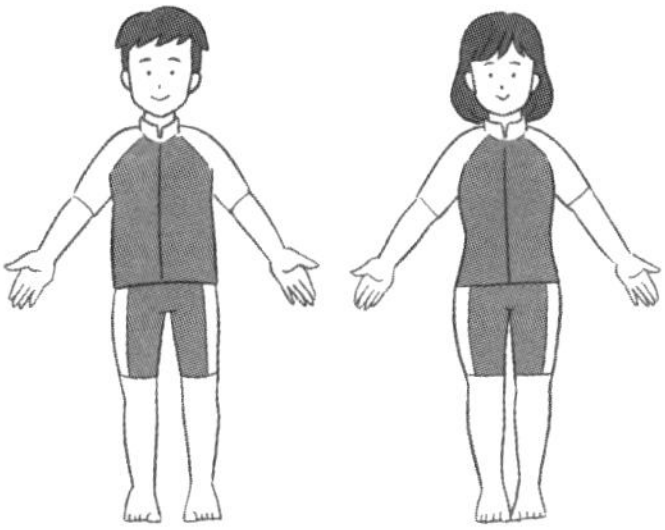

- 水着《みずぎ》で隠《かく》れる胸《むね》、性器《せいき》、おしりと口《くち》がプライベートゾーン
- おむつ替《が》えでも声《こえ》がけをする

- プライベートゾーンの絵本《えほん》を読《よ》み聞《き》かせる

いけないことなどを教《おし》えてみましょう。

最近《さいきん》では、保育園《ほいくえん》や幼稚園《ようちえん》などで、夏《なつ》の水遊《みずあそ》びやプールの前《まえ》に子《こ》どもたちに教《おし》えるという園《えん》も増《ふ》えています。また、小《ちい》さい子《こ》どもであれば、プライベートゾーンをテーマにした絵《え》本《ほん》を読《よ》み聞《き》かせてもよいでしょう。

家族《かぞく》であっても、子《こ》どもの許可《きょか》なく触《さわ》るのは要注意《ようちゅうい》。小《ちい》さい子《こ》の場合《ばあい》、おむつ替《が》え、体《からだ》を洗《あら》う、トイレでふくなどのお世話《せわ》で必要《ひつよう》なときもできるだけ声《こえ》がけをするようにしましょう。「うんちが出《で》たから、おむつ替《が》えをするよ。おしりを触《さわ》るよ」「大切《たいせつ》なところだから洗《あら》うけど、できるようになったら自《じ》分《ぶん》で洗《あら》うようにしようね」と小《ちい》さいときから、折《おり》にふれて声《こえ》がけしてみましょう。

幼児《ようじ》くらいになると、おしり、ちんちん、おっぱいなどと連呼《れんこ》するのが楽《たの》しくなる時期《じき》があります。そのときにも、

「ママのおっぱいもプライベートゾーンだよ。触《さわ》ってほしくないな」

「スカートやズボンの中《なか》は、大事《だいじ》なところだから、誰《だれ》であってもめくったらダメだよ」

「お友達《ともだち》と見《み》せあいっこするのはダメだよ」

「必要《ひつよう》なときは病院《びょういん》で見《み》てもらうこともあるよ」

と教《おし》えるようにしましょう。

一度《いちど》いったところで、すぐに理解《りかい》しないかもしれません。**生活《せいかつ》のなかで、くり返《かえ》し伝《つた》えていきましょう**。そうすることで、子《こ》どもも「大事《だいじ》なところなんだな」「勝手《かって》に触《さわ》ったらいけないんだな」「自分《じぶん》の体《からだ》は大事《だいじ》なものなんだ」と少《すこ》しずつ理解《りかい》をしていくでしょう。

コミュニケーションとして、子《こ》どもが小《ちい》さいときにおしりをなでたり、触《さわ》ったりし

た経験《けいけん》があるお父《とう》さん、お母《かあ》さんもいるでしょう。愛《あい》らしくてつい触《さわ》りたくなる気持《きも》ちはとてもよくわかりますが、性教育《せいきょういく》という観点《かんてん》からは、これはちょっと避《さ》けたいところ。おしりを触《さわ》られるのは楽《たの》しいこと、コミュニケーションの一環《いっかん》だと子《こ》どもが理解《りかい》してしまうと、他《ほか》のお友達《ともだち》や他人《たにん》に触《さわ》られたりしても「遊《あそ》んでいるんだろう」「イヤだっていったらいけないかも」と思《おも》ってしまい、本当《ほんとう》はイヤなのにダメといえなくなってしまうかもしれません。

また、相手《あいて》がイヤがっていてもこれは楽《たの》しい遊《あそ》びだから、と触《さわ》ってしまうかもしれません。

さらに、小《ちい》さいころの家族《かぞく》との遊《あそ》びのなかで、くすぐりなどがあります。楽《たの》しく笑《わら》っていても「やめて」と子《こ》どもがいっていたら、やめましょう。やめたあとに、子《こ》どもが「続《つづ》けていいよ」といわない限《かぎ》りは、そこでやめるようにしましょう。「やめてといったら、やめてくれた」という流《なが》れが大切《たいせつ》です。**子《こ》どものイヤだという気持《きも》ちを大人《おとな》が受《う》け止《と》めるということをくり返《かえ》すことで、今後《こんご》、イヤだと思《おも》ったときにちゃんとやめてといえるようになります。**

覚《おぼ》えておきたいNO・GO・TELL

- はっきりと「イヤ」「ダメ」「やめて」「助《たす》けて」と拒否《きょひ》をする
- 悪《わる》いのはイヤなことをしてくる相手《あいて》のほう。イヤだと感《かん》じたらはっきりと伝《つた》えること

- その場《ば》からにげる
- 人《ひと》がいるところ、安心《あんしん》できる大人《おとな》がいるところまで、にげる

- 悪《わる》い人《ひと》に「秘密《ひみつ》だよ」といわれても、信頼《しんらい》できる大人《おとな》にちゃんと話《はな》すこと
- イヤだった、怖《こわ》かったことは、大人《おとな》に話《はな》すこと

※もし、NOやGOができなかったとしてもあなたは悪《わる》くありません。悪《わる》いのは加害者《かがいしゃ》です。大人《おとな》に話《はな》してください。

プライベートゾーンを許可《きょか》なく触《さわ》ってきたり、見《み》せてといってきた人《ひと》がいたら、にげるように教《おし》えるのも大事《だいじ》です。「NO・GO・TELL」としてくり返《かえ》し伝《つた》えましょう。**イヤだ、怖《こわ》いと思《おも》ったら、拒否《きょひ》をする「NO」。大声《おおごえ》を出《だ》して、にげる「GO」。守《まも》ってくれる大人《おとな》に助《たす》けをもとめる「TELL」**。

プライベートゾーンについて知《し》っていれば、許可《きょか》なく触《さわ》ろうとしてくる不審者《ふしんしゃ》や性《せい》犯罪者《はんざいしゃ》、NOといいにくい関係《かんけい》の相手《あいて》などとあったときに、おかしいと気《き》がつく判断《はんだん》のひとつになります。プライベートゾーンではなくても、頭《あたま》や肩《かた》を触《さわ》られてイヤだった、ひざに座《すわ》るようにいわれるのがイヤだったなど、**自分《じぶん》がイヤと思《おも》うことには、NO・GO・TELLという対応《たいおう》をとってよい**のです。自分《じぶん》の体《からだ》に誰《だれ》がどのように触《さわ》っていいか決《き》めるのは、自分《じぶん》だけなのです。他《ほか》の人《ひと》に、決《き》める権利《けんり》はありません。

ONE《わん》 POINT

- プライベートゾーンは、触《さわ》らない、触《さわ》らせない
- NO・GO・TELLで、不審者《ふしんしゃ》からにげる
- 自分《じぶん》の体《からだ》に触《さわ》っていいか決《き》められるのは、自分《じぶん》だけ

信頼《しんらい》できる大人《おとな》って、誰《だれ》？

もし、予期《よき》せぬことが起《お》きて悩《なや》んだときに、相談《そうだん》する相手《あいて》がいるととても心強《こころづよ》いものです。

日頃《ひごろ》から、なんでも相談《そうだん》できる大人《おとな》の相手《あいて》が必要《ひつよう》です。日常《にちじょう》の小《ちい》さな悩《なや》みから、性《せい》に関《かん》する悩《なや》みまで気軽《きがる》にできるとよいですね。

その相手《あいて》が親《おや》だとよいのですが、親《おや》だからこそ心配《しんぱい》させたくないから話《はな》せない、親《おや》にはいえないと思《おも》うことも多《おお》いものです。

親以外《おやいがい》では、小《ちい》さいころから知《し》っている友達《ともだち》のお父《とう》さん・お母《かあ》さんもよいでしょう。男《おとこ》の子《こ》の場合《ばあい》、異性《いせい》であるお母《かあ》さんやママ友《とも》だと余計《よけい》に話《はな》しにくいということがあれば、同性《どうせい》の親戚《しんせき》の年上《としうえ》のお兄《にい》さんや先生《せんせい》、もちろんお父《とう》さんでもよいでしょう。

または、電話《でんわ》やメール、チャットなどで専門機関《せんもんきかん》に相談《そうだん》する方法《ほうほう》もあります。匿名《とくめい》で相談《そうだん》ができるので、身元《みもと》を知《し》られることがなく、だからこそ、オープンに話《はな》せるこ

親《おや》以《い》外《がい》にも相《そう》談《だん》できる先《さき》を

○専《せん》門《もん》機《き》関《かん》に相《そう》談《だん》

○相《そう》談《だん》相《あい》手《て》として同《どう》性《せい》の親《しん》戚《せき》のお兄《にい》さん、先《せん》生《せい》などと顔《かお》合《あ》わせをしておく

ともあります（222ページに相談先《そうだんさき》があります）。このような**相談《そうだん》できる先《さき》が、3箇《か》所《しょ》くらい**常《つね》に思《おも》いつく状態《じょうたい》になっているのが理想《りそう》でしょう。

　では、相談《そうだん》された側《がわ》としては、どうしたらよいのでしょうか。

　まずは、**ちゃんと相談《そうだん》してくれたことに「ありがとう」という気持《きも》ちを伝《つた》えましょう**。「いいにくいことなのに、相談《そうだん》してくれてありがとう。大丈夫《だいじょうぶ》だよ」と受《う》け止《と》めて安心《あんしん》させることが一番《いちばん》です。受《う》け止《と》めてくれたという経験《けいけん》によって、また今後《こんご》困《こま》ったときに、相談《そうだん》できるようになるかもしれません。

次《つぎ》に**相談内容《そうだんないよう》について否定《ひてい》しないこと**。「本当《ほんとう》にそんなこと、あったの？」「勘違《かんちが》いじゃないの？」「なんでにげなかったの？」など疑《うたぐ》ったり否定《ひてい》をしたりしてはいけません。「せっかく相談《そうだん》したのに余計《よけい》に傷《きず》ついた……もう相談《そうだん》なんてしない」と思《おも》い詰《つ》めてしまうかもしれません。

また相談《そうだん》された側《がわ》としては、**今後《こんご》どうしたらよいかという自分《じぶん》の意見《いけん》を押《お》しつけないこと**。どうするかを決《き》めるのは相談者自身《そうだんしゃじしん》です。「こういう方法《ほうほう》もあるよ」「こんな相談先《そうだんさき》もあるみたいだよ」「話《はなし》は、いつでも聞《き》くよ」など選択肢《せんたくし》を一緒《いっしょ》に探《さが》したり、話《はなし》を聞《き》くというだけでも違《ちが》います。

そして、相談内容《そうだんないよう》は秘密《ひみつ》にすること。秘密《ひみつ》で相談《そうだん》をしたのに別《べつ》の人《ひと》がそのことを知《し》っていたとき、相談者《そうだんしゃ》はとても傷《きず》つきます。もし、解決《かいけつ》できそうにない、専門家《せんもんか》に相談《そうだん》したほうがよい場合《ばあい》には、大人《おとな》がちゃんと専門家《せんもんか》までつなぐようにしましょう。もし相談者《そうだんしゃ》が自分《じぶん》で専門家《せんもんか》に相談《そうだん》できる年齢《ねんれい》ではなかったら、代《か》わりに匿名《とくめい》で相談《そうだん》をしてもよいでしょう。

相談《そうだん》されたときに大切《たいせつ》なこと

①「よく話《はな》してくれたね」

話《はな》しにくいことを、ちゃんと話《はな》してくれたこと。信頼《しんらい》して話《はな》してくれた、信頼《しんらい》してくれた勇気《ゆうき》をねぎらう言葉《ことば》をまず最初《さいしょ》に伝《つた》えます。

② 否定《ひてい》をしない

相談内容《そうだんないよう》を疑《うたが》ったり、否定《ひてい》したりしないこと。性被害《せいひがい》の場合《ばあい》、否定《ひてい》することが「セカンドレイプ」という被害者《ひがいしゃ》の尊厳《そんげん》をさらに傷《きず》つけるということにもなります。

③ どうするか決《き》めるのは本人《ほんにん》

相談《そうだん》された側《がわ》の意見《いけん》を押《お》しつけないこと。「こうするべき」と押《お》しつけず、どうしたいかは、本人《ほんにん》に決《き》める権利《けんり》があります。

④ 必要《ひつよう》なときは専門家《せんもんか》につなぐこと

自分《じぶん》だけでは解決《かいけつ》してあげられないときは、専門家《せんもんか》につなぎます。

⇨222ページへ

相談《そうだん》されたら、
しっかりと
受《う》け止《と》めるブル

思《し》春《しゅん》期《き》に覚《おぼ》えておくと心《こころ》強《づよ》い3ポイント

思《し》春《しゅん》期《き》の体《からだ》と心《こころ》の変《へん》化《か》が起《お》こるとき、覚《おぼ》えておくべきことが3つあります。

①体《からだ》は清《せい》潔《けつ》にすること

②今《こん》後《ご》5年《ねん》間《かん》の成《せい》長《ちょう》を知《し》ること

③相《そう》談《だん》できる大《おと》人《な》を見《み》つけること

このことを知《し》っておくと、きたる思《し》春《しゅん》期《き》に慌《あわ》てず、焦《あせ》らず、臨《のぞ》むことができます。

①は毎《まい》日《にち》お風《ふ》呂《ろ》に入《はい》り、性《せい》器《き》を含《ふく》め体《からだ》を清《せい》潔《けつ》に洗《あら》うといった基《き》本《ほん》的《てき》なことです。**清《せい》潔《けつ》な体《からだ》を保《たも》つことは病《びょう》気《き》予《よ》防《ぼう》につながります。**思《し》春《しゅん》期《き》に増《ふ》えるニキビや汗《あせ》、体《たい》臭《しゅう》の悩《なや》みも清《せい》潔《けつ》にすることで、予《よ》防《ぼう》につながります。できればシャワーですますのではなく、湯《ゆ》船《ぶね》につかるとよいでしょう。

毎《まい》日《にち》洗《あら》うということは、毎《まい》日《にち》性《せい》器《き》や体《からだ》のことを見《み》て、触《ふ》れているということ。もし「なんか、ヘン？」「いつもより腫《は》れている？」「なんか赤《あか》いかも？」などと気《き》がついた

5年後《ねんご》の自分《じぶん》ってどんなかな？

今後《こんご》5年間《ねんかん》の体《からだ》と心《こころ》の成長《せいちょう》を
知《し》っておくと不安《ふあん》もやわらぐ

ら、病院《びょういん》を受診《じゅしん》しましょう。このことに気《き》がつけるのは、本人《ほんにん》のみです。なんとなくの違和感《いわかん》で、病気《びょうき》を早《はや》く見《み》つけることにつながるかもしれません。いつもと違《ちが》うと感《かん》じたら、はずかしがらずに家族《かぞく》に伝《つた》えるようにします。

②は、**今後《こんご》の成長《せいちょう》を知《し》っておくと、自分《じぶん》の心《こころ》や体《からだ》に変化《へんか》があったときに、慌《あわ》てず不安《ふあん》にならずにすむということです。**なぜ5年後《ねんご》なのかというと、性《せい》について気《き》になりだす小学校高学年《しょうがっこうこうがくねん》にとって5年後《ねんご》は、16～17歳《さい》。今《いま》はまだはじまっていなくてもちょうど二次性《にじせい》徴《ちょう》のころになります。学年《がくねん》でいうと高《こう》

校《こう》1～2年生《ねんせい》くらい。このころは、体《からだ》はだいぶ大人《おとな》に近《ちか》づいているころです。

二次性徴《にじせいちょう》は早《はや》い人《ひと》もいれば、遅《おそ》い人《ひと》もいます。早《はや》い人《ひと》は、早《はや》いことで悩《なや》んでしまうものです。そんなときに、今後《こんご》の成長《せいちょう》を知《し》っていれば、いずれみんなに起《お》こることであり、早《はや》いことで悩《なや》むことはないと知《し》ることができます。反対《はんたい》に遅《おそ》いと悩《なや》む人《ひと》も、そのうち自分《じぶん》にも起《お》こるんだと安心《あんしん》してよいととらえることができます。

また、親《おや》としても、今後《こんご》5年間《ねんかん》でどのような成長過程《せいちょうかてい》になるのかを知《し》る機会《きかい》にもなります。

③は前項目《ぜんこうもく》でも説明《せつめい》をした、相談《そうだん》できる大人《おとな》の存在《そんざい》についてです。**困《こま》ったことが起《お》こったとき、相談《そうだん》する先《さき》を3箇所《かしょ》くらい思《おも》い浮《う》かべることができるとよいでしょう。**

親《おや》としては、信頼《しんらい》できる大人《おとな》と子《こ》どもとを対面《たいめん》させておき、顔《かお》をつないでおくとよいですね。いざというときは、相談《そうだん》にのってあげてほしいことを伝《つた》えておきましょう。

小《ちい》さいときに児童館《じどうかん》に通《かよ》っていたことがあれば、「児童館《じどうかん》って、悩《なや》みごとを相談《そうだん》することもできるんだよ」と伝《つた》えるのもよいでしょう。また、専門機関《せんもんきかん》の情報《じょうほう》も教《おし》えたり、「ここに相談《そうだん》できるんだね。専門《せんもん》の人《ひと》だから、安心《あんしん》だね」「名前《なまえ》を隠《かく》したまま、チャッ

ト で相談《そうだん》できるところもあるんだね。知《し》ってた？」など、子《こ》どもの心《こころ》に残《のこ》るような情《じょう》報提供《ほうていきょう》をしておくとよいでしょう。誰《だれ》を信頼《しんらい》し、相談《そうだん》するかは子《こ》どもが決《き》めることですが、いろいろな選択肢《せんたくし》を用意《ようい》するのは親《おや》の役目《やくめ》です。

これら3つのことは、1回《かい》伝《つた》えただけでは伝《つた》わりません。ことあるごとに伝《つた》えていくことが大切《たいせつ》です。思春期《ししゅんき》になったら、二次性徴《にじせいちょう》がはじまったらではなく、小《ちい》さいころから伝《つた》えておくと、より心構《こころがま》えができるでしょう。

ONE《わん》 POINT

- ⇩ 清潔《せいけつ》な体《からだ》は、さまざまな予防《よぼう》につながる
- ⇩ 今後《こんご》、5年間《ねんかん》の成長《せいちょう》は知《し》っておこう
- ⇩ 相談先《そうだんさき》は3箇所《かしょ》見《み》つけておくこと
- ⇩ これら3つのポイントを抑《おさ》えておくと思春期《ししゅんき》の不安《ふあん》をやわらげる

飼《し》育《いく》動《どう》物《ぶつ》や図《ず》鑑《かん》も性《せい》教《きょう》育《いく》の機《き》会《かい》に

保育園《ほいくえん》や幼稚園《ようちえん》などで、昆虫《こんちゅう》や動物《どうぶつ》を飼育《しいく》したり、おうちでペットを飼《か》ったりすることもあるかと思《おも》います。また、アニメやおもちゃなどから恐竜《きょうりゅう》、生《い》き物《もの》などを好《す》きになり、図鑑《ずかん》、絵本《えほん》、教育番組《きょういくばんぐみ》などに興味《きょうみ》をもっているかもしれません。

そのなかで、生命《せいめい》の営《いとな》みとして交尾《こうび》や出産《しゅっさん》シーンなどの写真《しゃしん》や映像《えいぞう》、説明《せつめい》する文章《ぶんしょう》を見《み》たりすることもあります。子《こ》どもから「あれは、何《なに》をしているの？」と聞《き》かれるかもしれません。

いきなりの質問《しつもん》で焦《あせ》り、ごまかして答《こた》えるのは避《さ》けたいところ。**はずかしがらずに、どういう行動《こうどう》なのかを説明《せつめい》しましょう。**「動物《どうぶつ》には、オスとメスがいて、交尾《こうび》をすると赤《あか》ちゃんのもとができるんだよ。メスのおなかのなかで育《そだ》てて、卵《たまご》で生《う》まれたり、成《せい》長《ちょう》した形《かたち》で生《う》まれたりするんだよ。人間《にんげん》は、どうだろうね？　卵《たまご》？　赤《あか》ちゃんの形《かたち》で生《う》まれてくる？」などと、興味《きょうみ》のある楽《たの》しい話《はなし》として続《つづ》けてみましょう。

生《い》き物《もの》によっては、オスとメスで姿《すがた》が違《ちが》う場合《ばあい》もあるので「オスとメスで見《み》た目《め》が違《ちが》うけど、人間《にんげん》も男《おとこ》の子《こ》と女《おんな》の子《こ》で違《ちが》うところってある？」と自分《じぶん》の体《からだ》について話《はなし》をしてみるのもよいでしょう。

出産《しゅっさん》シーンでは「動物《どうぶつ》の赤《あか》ちゃんが生《う》まれてきたね。あなたも無事《ぶじ》に生《う》まれてきてくれて、うれしかったんだよ」と、子《こ》どもが生《う》まれたときの話《はなし》や赤《あか》ちゃんのときの写《しゃ》真《しん》を見《み》せたりしてもよいでしょう。

恐竜《きょうりゅう》や昆虫《こんちゅう》に興味《きょうみ》をもちやすい男《おとこ》の子《こ》には、仕組《しく》みのひとつとしての交尾《こうび》は説明《せつめい》がしやすいかもしれません。その**交尾《こうび》と性行為《せいこうい》の意味《いみ》がいずれ結《むす》びつくこともあると思《おも》います。**

生《い》き物《もの》好《ず》きは、
説明《せつめい》しやすい
かもブル

3歳《さい》から性《せい》教《きょう》育《いく》をするといいのは、なぜ？

世界《せかい》の性教育《せいきょういく》の基準《きじゅん》、ユネスコの「国際《こくさい》セクシュアリティ教育《きょういく》ガイダンス」によると、性教育《せいきょういく》は5歳《さい》からといわれています。でも、興味《きょうみ》をもったタイミングが一番話《いちばんはなし》を聞《き》いてくれるのではないでしょうか。

3歳《さい》くらいになると、言葉《ことば》の意味《いみ》もちゃんとわかってきて、理解《りかい》することができるようになります。お父《とう》さんとお母《かあ》さんの体《からだ》の違《ちが》い、ちんちんが気《き》になる、おっぱいってなんだ？　などと、体《からだ》についての疑問《ぎもん》をもつようになります。**まだなんの先入観《せんにゅうかん》もない3歳《さい》くらいのときに、性《せい》についての正《ただ》しい知識《ちしき》を教《おし》えることが大切《たいせつ》です。**

早《はや》いと2、3歳《さい》くらいで「赤《あか》ちゃんってどうやってできるの？　なんでうちには赤《あか》ちゃんがいないの？」という疑問《ぎもん》をもつ子《こ》もいます。お友達《ともだち》のところに、弟《おとうと》や妹《いもうと》が生《う》まれたと聞《き》いて、純粋《じゅんすい》になんでうちにはいないんだろうと思《おも》っての質問《しつもん》かもしれません。まずどうしてそれを知《し》りたくなったの？　と尋《たず》ねましょう。その理由《りゆう》によっては伝《つた》

え方《かた》も変《か》わってくるかもしれません。**聞《き》かれたら、はずかしがらず、慌《あわ》てずに、科学的《かがくてき》に伝《つた》えます。**「科学的《かがくてき》」にとはたとえば「女《おんな》の人《ひと》の体《からだ》のなかに、赤《あか》ちゃんのもとがあり、男《おとこ》の人《ひと》がもっている赤《あか》ちゃんのもとを、男《おとこ》の人《ひと》のペニスを使《つか》って女《おんな》の人《ひと》の腟《ちつ》のなかに届《とど》けるんだよ。人間《にんげん》の場合《ばあい》は、性交《せいこう》っていうよ」といった伝《つた》え方《かた》です。幼《おさな》いときこそ、「ふーん」で終《お》わってしまうものですが、それで十分《じゅうぶん》。聞《き》かれたら、**科学的《かがくてき》な知識《ちしき》を答《こた》えることをくり返《かえ》して、子《こ》どものなかに正《ただ》しい情報《じょうほう》を根《ね》づかせることが大事《だいじ》です。**

小学生《しょうがくせい》でも、スマホやパソコン、タブレットなどをひとり1台《だい》もつ時代《じだい》です。ネットから、性《せい》に関《かん》する情報《じょうほう》を得《え》てしまうことが多《おお》いといわれています。その情報《じょうほう》は残念《ざんねん》ながら正《ただ》しいことのほうが少《すく》ないのです。そんなときに、幼《おさな》いときから性《せい》に関《かん》する知識《ちしき》をくり返《かえ》し得《え》ていれば、まちがった情報《じょうほう》が入《はい》ってきても、自分《じぶん》で正《ただ》しいものかどうかを判断《はんだん》できるようになります。

思春期《ししゅんき》になってから、急《きゅう》に親子《おやこ》で性《せい》について話《はな》すのは、とても難《むずか》しいことです。素《す》直《なお》に聞《き》けないどころか、面《めん》と向《む》かって親《おや》と話《はな》せない時期《じき》かもしれません。でも、小《ちい》さいころから性《せい》に関《かん》する話《はなし》をしていれば、親子《おやこ》でも話《はな》し合《あ》えるかもしれません。

保育園《ほいくえん》や幼稚園《ようちえん》でお友達《ともだち》との交流《こうりゅう》のなかで、チューされた、ぎゅーしたと、親《おや》としてはドキッとする話《はなし》を聞《き》くこともあるかもしれません。当人《とうにん》は、おもしろかったというかもしれませんが、かわいらしい話《はなし》として終《お》わらせないこと。

もし家庭《かてい》で性《せい》について話《はな》していたら、それが正《ただ》しくないこと、ヘンだなと思《おも》っていいことと気《き》がつく可能性《かのうせい》が高《たか》くなります。**性教育《せいきょういく》を小《ちい》さいときから行《おこ》なうことで、幼《よう》少期《しょうき》の子《こ》どもを性犯罪《せいはんざい》から守《まも》ることができるのです。**

性犯罪《せいはんざい》の加害者《かがいしゃ》は「パパやママには内緒《ないしょ》だよ」「ヘンなことじゃないよ」などといって、隠《かく》そうとします。そこで子《こ》ども自身《じしん》が、ヘンだ、おかしい、怖《こわ》いと思《おも》い、ちゃんと大人《おとな》にいえるようになると、被害《ひがい》を防《ふせ》げるかもしれません。

3歳《さい》の子《こ》どもに性教育《せいきょういく》といっても、何《なに》から伝《つた》えればよいかと悩《なや》むかもしれません。いきなり性行為《せいこうい》とは？　マスターベーションとは？　などと話《はな》さなくて大丈夫《だいじょうぶ》です。まずは、プライベートゾーン（66ページ）について伝《つた》えるのがわかりやすく、子《こ》どもも理《り》解《かい》がしやすいでしょう。あと、イヤだと思《おも》ったら相手《あいて》にハッキリと伝《つた》えてよいことも教《おし》えたいところです。3歳《さい》くらいならば、性教育《せいきょういく》についての絵本《えほん》などを読《よ》み聞《き》かせるのもよいですね。興味《きょうみ》があれば、ちゃんと聞《き》いてくれるでしょう。

家《いえ》で性《せい》についての話《はなし》をするときは、「おうちによって、考《かんが》え方《かた》が違《ちが》うから他《ほか》の子《こ》には話《はな》さないよ」と伝《つた》えると、子《こ》どもながら分別《ふんべつ》をつけて、おうちではいっていいけど、外《そと》ではいわないと理解《りかい》するようになります。

ONE《わん》 POINT

- 小《ちい》さいときにこそ、正《ただ》しい性《せい》の知識《ちしき》を伝《つた》えるチャンス
- 家《いえ》で性《せい》の話《はなし》をしてもいいと子《こ》どもに思《おも》ってもらうと、相談《そうだん》もしやすくなる
- 正《ただ》しい性《せい》の知識《ちしき》があれば、防《ふせ》げる性犯罪《せいはんざい》もある

性《せい》の知《ち》識《しき》があれば、自《じ》分《ぶん》で自《じ》分《ぶん》を守《まも》れる

性教育《せいきょういく》をしっかりと受《う》けることで、**教養《きょうよう》や知識《ちしき》が身《み》につき、さらに性的《せいてき》なトラブルを避《さ》けることができる、自分自身《じぶんじしん》で身《み》を守《まも》ることができるようになります。**

「プライベートゾーン」「NO・GO・TELL」の知識《ちしき》などで、性犯罪《せいはんざい》から身《み》を守《まも》ることができます。もしも性的《せいてき》トラブルにあったときに、対処《たいしょ》の方法《ほうほう》を知《し》っているかどうかで、まったく違《ちが》います。

幼《おさな》い子《こ》どもが性犯罪《せいはんざい》にあったとき、何《なに》をされているのかわからないままで、しかも性犯罪者《せいはんざいしゃ》から「あなたが悪《わる》い。パパやママにはいってはダメだよ」などといわれたら、その言葉《ことば》を信《しん》じて、誰《だれ》にもいえないかもしれません。性《せい》についての知識《ちしき》、性犯罪《せいはんざい》の場《ば》合《あい》はとくにプライベートゾーンについて知《し》っていれば、「私《わたし》は悪《わる》いことはしていない。パパやママに伝《つた》えよう」「いいよっていってないのに、触《さわ》ろうとした。イヤな気持《きも》ちになったから、にげなきゃ」「なんか、ヘン。これは、にげないといけない」と思《おも》えば、

性教育《せいきょういく》がもたらすもの

- 自分《じぶん》の心身《しんしん》を大切《たいせつ》にできる

↓

- 自己肯定感《じここうていかん》が高《たか》まる

↓

- 相手《あいて》のことを尊重《そんちょう》し よい人間関係《にんげんかんけい》を築《きず》くことができる

↓

豊《ゆた》かで幸《しあわ》せな人生《じんせい》が送《おく》れる

その後《ご》の対応《たいおう》も変《か》わってきます。

さらに、**自分《じぶん》の体《からだ》を知《し》り、自分《じぶん》のことを大好《だいす》きになると自己肯定感《じここうていかん》の高《たか》い人間《にんげん》に育《そだ》ちます。**

どんな自分《じぶん》でも受《う》け入《い》れることができ、他人《たにん》との比較《ひかく》ではなく、自分自身《じぶんじしん》の価値《かち》を感《かん》じることで、自分《じぶん》を肯定《こうてい》するのが自己肯定感《じーこうていかん》です。

自己肯定感《じここうていかん》が高《たか》いと自分《じぶん》も相手《あいて》も尊重《そんちょう》することができ、心地《ここち》よいと感《かん》じられる人間関係《にんげんかんけい》を築《きず》くことができるでしょう。さらに、自分《じぶん》の人生《じんせい》を豊《ゆた》かで満足《まんぞく》のいくものと考《かんが》え、幸《しあわ》せな人生《じんせい》を送《おく》ることができるでしょう。

親《おや》は子《こ》どもには幸《しあわ》せであってほしいと願《ねが》うものです。小《ちい》さいときは、そばにいることができますが、成長《せいちょう》とともに子《こ》どもも自立《じりつ》をはじめるため、ずっと一緒《いっしょ》にいることが難《むずか》しくなります。目《め》が届《とど》かなくなる分《ぶん》、心配《しんぱい》のあまりとくに性《せい》に関《かん》することをタブーとし、「早《はや》いうちにセックスを体験《たいけん》してはいけない」「妊娠《にんしん》するなんてもってのほか」「性感染症《せいかんせんしょう》になるなんて恥《はじ》」などと伝《つた》えてしまうこともあります。

できれば、予定外《よていがい》の妊娠出産《にんしんしゅっさん》、性感染症《せいかんせんしょう》などは、我《わ》が子《こ》には経験《けいけん》してほしくないと思《おも》うのが親心《おやごころ》でしょう。でもそのために、性《せい》に対《たい》して否定的《ひていてき》になってしまうのではなく、それらを防《ふせ》ぐための方法《ほうほう》はいろいろあるということを教《おし》えてあげてほしいものです。

性教育《せいきょういく》は、性行為《せいこうい》の方法《ほうほう》や体《からだ》の仕組《しく》みだけを教《おし》えるものではありません。自分《じぶん》が自分《じぶん》らしく生《い》きるために必要《ひつよう》な知識《ちしき》を教《おし》える教育《きょういく》なのです。自分《じぶん》の体《からだ》を守《まも》ることができ、自分《じぶん》の体《からだ》のことを好《す》きだという気持《きも》ちを育《そだ》てることができます。

今《いま》の思春期《ししゅんき》あたりの子《こ》どもをもつ親《おや》たちは、自分自身《じぶんじしん》が性教育《せいきょういく》をしっかりと学《まな》んだ世代《せだい》の人《ひと》が多《おお》くありません。女子《じょし》だけ集《あつ》められて、生理《せいり》について教《おし》えてもらったという人《ひと》もいるでしょう。そのために性教育《せいきょういく》は自然《しぜん》にわかるもの、自分《じぶん》で調《しら》べるだろうと思《おも》って、あえてふれずにいることも多《おお》いと思《おも》います。

しかし、性教育《せいきょういく》の考《かんが》え方《かた》もより幅広《はばひろ》くなっています。**親《おや》も知識《ちしき》をアップデートしながら子《こ》どもがやがて自分《じぶん》の力《ちから》で生《い》きていけるようになるために伝《つた》えていきましょう。**

ONE《わん》 POINT

- ⇩性教育《せいきょういく》で、自己肯定感《じここうていかん》を高《たか》められる
- ⇩性犯罪《せいはんざい》を防《ふせ》ぐ知識《ちしき》が身《み》につく
- ⇩性教育《せいきょういく》は、親《おや》も学《まな》び、理解《りかい》して、子《こ》どもに伝《つた》えていきたいもの

column Q&A

Q

小学校高学年《しょうがっこうこうがくねん》なのにお風呂《ふろ》あがり、いまだに全裸《ぜんら》でリビングまで出《で》てくる……

A

小《ちい》さいころは、体《からだ》をふいたり、着替《きが》えのお手伝《てつだ》いをしたりなどが必要《ひつよう》ですが、小学生《しょうがくせい》になったらもうひとりでできることでしょう。高学年《こうがくねん》ともなれば、脱衣所《だついじょ》などでせめて下着《したぎ》ははいて出《で》てきてほしいところですね。

脱衣所《だついじょ》でパンツははいてから出《で》てきてね。プライベートゾーンは、人《ひと》には見《み》せないものだよ

できれば、小《ちい》さいときから、おむつやパンツを脱衣所《だついじょ》ではかせてからリビングに行《い》くという流《なが》れを身《み》につけておけると◎。どうして親《おや》は、着替《きが》えてから出《で》てくるのかを話《はな》すのもよいでしょう。

異性《いせい》の兄弟姉妹《きょうだいしまい》がいる場合《ばあい》は、着替《きが》える場所《ばしょ》、お風呂《ふろ》も別《べつ》にしたいところです。簡易《かんい》カーテンで仕切《しき》ったりして、着替《きが》える場所《ばしょ》をつくるようにしましょう。気《き》になってのぞこうとする様子《ようす》があれば、

兄弟姉妹《きょうだいしまい》でも、裸《はだか》をのぞいたりしたらダメだよ。プライベートゾーンを見《み》たり、触《さわ》ったりしていいのか決《き》めるのは、その子自身《こじしん》だからね

と伝《つた》えます。興味《きょうみ》のほうがまさって、異性《いせい》の兄弟姉妹《きょうだいしまい》の性器《せいき》を見《み》たり触《さわ》ったりということもあります。興味《きょうみ》がでてきていたら、最初《さいしょ》にプライベートゾーンについて伝《つた》え、勝手《かって》に触《さわ》ったり、見《み》たりしてはいけないことをくり返《かえ》し話《はな》すようにしましょう。また、触《ふ》られたり、見《み》られてイヤだったときは必《かなら》ず大人《おとな》に話《はな》すようにということも伝《つた》えましょう。

column Q&A

Q

「エッチってなに？」と聞《き》かれたら

A

エッチとは、言葉《ことば》の定義《ていぎ》だけ考《かんが》えると、性的《せいてき》なコミュニケーションやそういう人《ひと》のことを指《さ》します。これは日本独特《にほんどくとく》の言葉《ことば》です。ほかにも「エロ」「エロい」なども同様《どうよう》です。テレビ番組《ばんぐみ》やマンガ、アニメなど、日常的《にちじょうてき》に使《つか》われている言葉《ことば》ですね。

大人《おとな》が恥《は》ずかしがったり、怒《おこ》ったりすると、「聞《き》いてはいけないことだったんだ」と思《おも》って子《こ》どもはもう質問《しつもん》してくれないかもしれません。そうなると、性教育《せいきょういく》のチャンスを逃《のが》したことになってしまうかも。

子《こ》どもから聞《き》かれたら、まず肯定的《こうていてき》に受《う》け止《と》めてどこで知《し》ったのかを聞《き》き、

性交《せいこう》のことかな？　動物《どうぶつ》だと交尾《こうび》っていうんだよ。人間《にんげん》ではセックスって呼《よ》ぶね。それはね、女《おんな》の人《ひと》の体《からだ》のなかにある膣《ちつ》に、男《おとこ》の人《ひと》のペニスを入《い》れることをいうよ。このときに、女《おんな》の人《ひと》の体《からだ》のなかにある、赤《あか》ちゃんのもとに、男《おとこ》の人《ひと》のもっている赤《あか》ちゃんのもとが届《とど》くと、妊娠《にんしん》して赤《あか》ちゃんになるんだよ

と性交《せいこう》について説明《せつめい》をしましょう。このときに心《こころ》がけることは「淡々《たんたん》と」「科学的《かがくてき》に」「事実《じじつ》だけを」説明《せつめい》すること。

もしおもしろがっていっているようだったら、次《つぎ》のように伝《つた》えましょう。

とっても大切《たいせつ》なことだからふざけて口《くち》に出《だ》すのは恥《は》ずかしいことなんだよ

このことについて知《し》りたかったら私（保護者《ほごしゃ》）になんでも聞《き》いていいよ

プライベートなことだとわかってもらうことが大切《たいせつ》です。

Q

お母《かあ》さんとお風呂《ふろ》、いつまで？

A

　お風呂《ふろ》の時間《じかん》は、親子《おやこ》の大事《だいじ》なスキンシップの時間《じかん》ではありますが、体《からだ》つきに変化《へんか》が出《で》てきたら、そろそろ別々《べつべつ》に入《はい》ることを考《かんが》えてよいでしょう。

　体《からだ》の変化《へんか》とは、ペニスや陰嚢《いんのう》が大《おお》きくなった、精通《せいつう》があった、毛《け》が生《は》えてきた、声変《こえが》わりをしてきたなどの第二次性徴《だいにじせいちょう》のことです。銭湯《せんとう》や更衣室《こういしつ》などに異性《いせい》の子《こ》どもが入《はい》れるのは、明確《めいかく》な基準《きじゅん》はありませんがだいたい6 ～9歳《さい》くらいです。そのくらいの年齢《ねんれい》には、ひとりで髪《かみ》も体《からだ》も洗《あら》えるようになり、親《おや》の補助《ほじょ》もいらないように日頃《ひごろ》から指導《しどう》しましょう。

　子《こ》どもがひとりで入《はい》りたいといいだしたり、親《おや》がまだ一緒《いっしょ》でいいのかな？と思《おも》ったりしたらお風呂《ふろ》は別《べつ》にしましょう。異性《いせい》の兄弟姉妹《きょうだいしまい》の場合《ばあい》も同《おな》じ。

　もしも男兄弟《おとこきょうだい》の場合《ばあい》は、最初《さいしょ》はお兄《にい》ちゃんと二人《ふたり》だけで入《はい》るところからはじめてみてもよいかもしれません。できれば親《おや》のほうから、

そろそろお風呂《ふろ》にひとりで入《はい》ってみない？

ひとりで入《はい》る練習《れんしゅう》をしてみよう

と伝《つた》えて少《すこ》しずつ慣《な》れさせるようにします。また、進級《しんきゅう》する4月《がつ》からひとりで入《はい》る練習《れんしゅう》をしようとカウントダウン式《しき》にしてもいいでしょう。

　その際《さい》、性器《せいき》の洗《あら》い方《かた》（102ページ）や性器《せいき》を清潔《せいけつ》にすることの大切《たいせつ》さもあわせて伝《つた》えて、子《こ》どもがひとりで入浴《にゅうよく》するときにもしっかり洗《あら》えるようにしましょう。

column Q&A

Q

お母《かあ》さんが生理《せいり》のときに子《こ》どもとお風呂《ふろ》に入《はい》っていい？

A

生理《せいり》について知《し》らないと、血《ち》が出《で》ていることに子《こ》どもが驚《おどろ》き、心配《しんぱい》することでしょう。ここで、ごまかさず、生理《せいり》について説明《せつめい》することをおすすめします。

お風呂《ふろ》で生理《せいり》の経血《けいけつ》を見《み》せるかどうかは、どちらでもOK です。お母《かあ》さんが抵抗《ていこう》がなければいっしょにお風呂《ふろ》に入《はい》り、生理《せいり》の説明《せつめい》をしましょう。

ちょっと抵抗《ていこう》があるという場合《ばあい》は、いっしょにお風呂《ふろ》には入《はい》らなくても大丈夫《だいじょうぶ》。その際《さい》に、生理《せいり》については変《へん》に隠《かく》さずに説明《せつめい》をして、「だからお風呂《ふろ》は別《べつ》に入《はい》るね」と伝《つた》えてもよいでしょう。生理用品《せいりようひん》もあえて隠《かく》さずに見《み》せて、説明《せつめい》をしてみてもよいかもしれません。

もし生理痛《せいりつう》や月経前症候群《げっけいまえしょうこうぐん》(PMS) があるならば、そのことについても伝《つた》えておくとよいでしょう。生理痛《せいりつう》などで寝込《ねこ》んだり、生理前《せいりまえ》でイライラしてしまっても、子《こ》どもが生理《せいり》を理解《りかい》していると、わかってくれてよいかもしれません。

生理《せいり》については、

赤《あか》ちゃんを育《そだ》てるベッドがあって、毎月《まいつき》そのベッドを新《あたら》しくしているから、いらなくなったお布団《ふとん》の血《ち》が、外《そと》にでるんだよ

と説明《せつめい》しましょう。

Q

「パパとママもセックスしたの？」と聞《き》かれたら……

A

子《こ》どもに性行為《せいこうい》についての話《はなし》をしたら「じゃあ、パパとママもセックスしたの？」と聞《き》かれたという話《はなし》もあります。ちゃんと理解《りかい》をしているということですね。

その上《うえ》で、自分《じぶん》が生《う》まれたってことは、パパとママも性行為《せいこうい》をしたんだなと思《おも》ったということでしょう。

しかし、性行為《せいこうい》についてはプライベートなことなので、子《こ》どもには、

そうだね。したから、あなたが生《う》まれたんだよ。生《う》まれてきてくれてありがとう

と生《う》まれてきてくれたことを感謝《かんしゃ》して伝《つた》えてもよいですね。

もし回数《かいすう》を聞《き》かれたりしたら、

あなたが生《う》まれているので、1回《かい》はしているけれど、あとはプライベートなことだから話《はな》さないよ

と伝《つた》えましょう。

性教育《せいきょういく》をするから、性的《せいてき》なことの説明《せつめい》をするからといって、必《かなら》ずしも自分《じぶん》自身《じしん》の経験《けいけん》を伝《つた》えなければいけないわけではありません。科学的《かがくてき》に説明《せつめい》しましょう。絵本《えほん》などを使《つか》って、一緒《いっしょ》に読《よ》んでもよいでしょう。

第《だい》3章《しょう》

知《し》っておきたい ちんちん（ペニス）のこと

洗《あら》い方《かた》、仕《し》組《く》み、悩《なや》みについて

知《し》りたいのに聞《き》けない…
ちんちん（ペニス）のこと

ん?
んん!?
ごそごそ
わー!
パンツ濡《ぬ》れてるじゃん
ガバッ
え、ぼく、
おもらしした?
えーと
どうしようか…
これ
ママに
バレないように
洗濯機《せんたくき》に
入《い》れちゃおう
ハッ!?
おはよーソータ
どうしたの?
おはよ…
ササーッ

たぶん
パンツよね、あれ
どうしたのかしら?
…は、早《はや》く
顔洗《かおあら》って
着替《きが》えなさいよ
う、うん
わかってるよ…
うっわー バレた?
バレてないよね?
ギク
シャク
こそ
こそ
とにかく
早《はや》くこれを
水《みず》で洗《あら》って…
バシャ
バシャ
ワー!
なんだろう
う〜ん…
オハヨー
パパに
聞《き》いてみようかな
おなか
すいたー

よしっ! 洗濯機《せんたくき》に入れたぜ
ミッション達成《たっせい》!
イェーイ!
いちおう 先《さき》に洗《あら》ってから 入《い》れたし 大丈夫《だいじょうぶ》だよね
そろ〜り
パタン…
コンコン
カチャ
おはよー
コータ兄《にい》ちゃんと 徳五郎《とくごろう》!
来てたの?
ワン☆
訳《やく》:コータのママさんから
朝採《あさと》れ野菜《やさい》のおすそ分《わ》けを
届《とど》けにきたブルよ
ワン!
訳《やく》:ところで朝《あさ》から
お悩《なや》みの気配《けはい》がしたから
解説《かいせつ》するブル
自分《じぶん》のだけど よくわからないときに 勝手《かって》に反応《はんのう》しちゃって 困《こま》ることあるかな?
ちんちん?
おしり?
ペニスについて知《し》ってる?
○清潔《せいけつ》にすることが大事《だいじ》
○生理的反応《せいりてきはんのう》としての勃起《ぼっき》
○気《き》になるマスターベーションには
守《まも》りたい約束《やくそく》がある
○寝《ね》ながら射精《しゃせい》するのが夢精《むせい》
あっ!
寝《ね》ながら…
コータ

じゃあ ぼくは 今朝《けさ》の 夢精《むせい》しちゃったって こと？
そう それは 夢精《むせい》だね
そして 変《へん》なことでも 悪《わる》いことでも ないんだ
そうなの？
ペニスに関《かん》することって 親《おや》にはあまり 聞《き》きたくないし 話《はな》せないよね
「ペニスに関《かん》するみんなの悩《なや》み」
○みんなより小《ちい》さい？
○包茎《ほうけい》ってやつなの？
○お風呂《ふろ》でどう洗《あら》ったらいいの？
○形《かたち》や色《いろ》はおかしくない？
うんうん
ネットや 友達《ともだち》からの情報《じょうほう》も 信《しん》じていいのか わからない
？
そういえば…
マジ？
マスターベーション しすぎると 頭悪《あたまわる》くなっちゃうらしいぜ
根拠なし
根拠《こんきょ》のない 説《せつ》も多《おお》いんだ
包茎《ほうけい》はモテません！ 手術《しゅじゅつ》を！
根拠なし
それじゃ 今朝《けさ》はこのへんで
またね！
グー
変《へん》なことじゃ ないんだ…
またねー
野菜 ありがとー
なんの話《はなし》 してたんだろ
気になるー

気《き》になる包《ほう》茎《けい》と、性《せい》器《き》の洗《あら》い方《かた》

「ホウケイ」や「カセイ」など、言葉《ことば》だけは聞《き》いたことがある人《ひと》もいるかもしれません。**性器《せいき》の先《さき》（亀頭《きとう》）が皮《かわ》（包皮《ほうひ》）でおおわれている状態《じょうたい》を「包茎《ほうけい》」**といいます。包茎《ほうけい》は「仮性包茎《かせいほうけい》」「真性包茎《しんせいほうけい》」「カントン包茎《ほうけい》」という3種類《しゅるい》に大《おお》きく分《わ》けられ、思春期《ししゅんき》まではほとんどの人《ひと》が包茎《ほうけい》です。

多《おお》くの日本人《にほんじん》は、欧米《おうべい》など外国《がいこく》の人々《ひとびと》とは違《ちが》う性器《せいき》についての認識《にんしき》をもっています。日本《にほん》で「仮性包茎《かせいほうけい》」と呼《よ》ばれる状態《じょうたい》は、出生時《しゅっせいじ》に割礼《かつれい》（宗教上《しゅうきょうじょう》の理由《りゆう》で、小《ちい》さいときに包皮《ほうひ》を切除《せつじょ》すること）を行《おこな》う地域《ちいき》や国《くに》では、「ナチュラル」の状態《じょうたい》をイメージする人《ひと》が多《おお》い傾向《けいこう》にあります。日本《にほん》では常《つね》に亀頭《きとう》がむけている状態《じょうたい》を「普通《ふつう》」と思《おも》う人《ひと》が多《おお》い傾向《けいこう》にあります。ですが、欧米《おうべい》の人々《ひとびと》などは「割礼《かつれい》した性器《せいき》」と認識《にんしき》する傾向《けいこう》にあります。

仮性包茎《かせいほうけい》は、健康《けんこう》や性交《せいこう》の面《めん》でも何《なん》の問題《もんだい》もありませんので、心配《しんぱい》する必要《ひつよう》はありません。

包茎《ほうけい》の種類《しゅるい》

大《おお》きくは次《つぎ》の3種類《しゅるい》に分《わ》けられます。

① 仮性包茎《かせいほうけい》

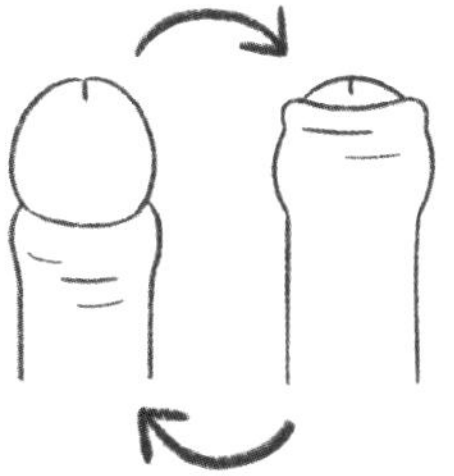

ふだんは包皮《ほうひ》でおおわれているが、手《て》で簡単《かんたん》にむける。病気《びょうき》ではなく、日本人男性《にほんじんだんせい》の半分《はんぶん》以上《いじょう》はこの状態《じょうたい》。

② 真性包茎《しんせいほうけい》

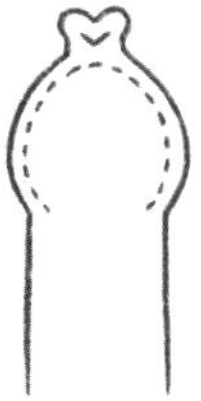

まったくむけない状態《じょうたい》。くり返《かえ》し炎症《えんしょう》が起《お》こる場合《ばあい》は、泌尿器《ひにょうき》科《か》へ。

③ カントン包茎《ほうけい》

むいた後《あと》に包皮《ほうひ》が戻《もど》らなくなり、亀頭《きとう》をしめつけてしまう。先《さき》を指《ゆび》でつぶして小《ちい》さくしても戻《もど》せなかったら、泌尿器科《ひにょうきか》へ。

性器《せいき》の洗《あら》い方《かた》

正《ただ》しい洗《あら》い方《かた》を覚《おぼ》えて清潔《せいけつ》に保《たも》ちましょう。

①

亀頭《きとう》を洗《あら》えるよう、包皮《ほうひ》を痛《いた》くない程度《ていど》に、むけるところまでむく。

②

お湯《ゆ》や泡立《あわだ》てた石《せっ》けんを使《つか》い、手《て》でやさしく洗《あら》う。

③

シャワーで流《なが》して包皮《ほうひ》の間《あいだ》の汚《よご》れなどを落《お》とし、包皮《ほうひ》をそっと戻《もど》す。洗《あら》っているときに痛《いた》みなどを感《かん》じたら、泌尿器科《ひにょうきか》を受診《じゅしん》する。

また、包皮《ほうひ》の中《なか》は汚《よご》れがたまりやすいので、お風呂《ふろ》では石《せっ》けんなどを泡立《あわだ》ててやさしく洗《あら》い、清潔《せいけつ》に保《たも》ちましょう。

大事《だいじ》なのは、「**包皮《ほうひ》をむけるところまでむいて洗《あら》う**」ということ。真性包茎《しんせいほうけい》でも毎日《まいにち》むくことで、自然《しぜん》にむけるようになることもあります。そして、「**洗《あら》い終《お》わったら皮《かわ》を戻《もど》す**」。そのままにしてしまうと、包皮《ほうひ》がペニスをしめつけるカントン包茎《ほうけい》になるおそれがあります。

性器《せいき》のにおいが気《き》になったり、かゆい、痛《いた》いなどの気《き》になる症状《しょうじょう》があるときは、自《じ》己判断《こはんだん》せずに、病院《びょういん》に相談《そうだん》をしてみましょう。性器関係《せいきかんけい》の場合《ばあい》は、泌尿器科《ひにょうきか》がおすすめです。ちょっと気《き》になる程度《ていど》のときは、小児科《しょうにか》などのかかりつけ医《い》にまず聞《き》いてみるというのもよいでしょう。

ONE《わん》 POINT

- 包茎《ほうけい》には、3種類《しゅるい》ある
- ペニスには包茎《ほうけい》のペニスとむけているペニスがある
- 正《ただ》しく洗《あら》い、清潔《せいけつ》に保《たも》つこと

知《し》っておきたい男《だん》性《せい》器《き》の病《びょう》気《き》

子《こ》どものときから気《き》をつけないといけない男《だん》性《せい》器《き》の病《びょう》気《き》は多《おお》くはありませんが、なかには放《ほう》っておくとこわい病《びょう》気《き》もあります。性《せい》行《こう》為《い》によって感《かん》染《せん》するさまざまな「性《せい》感《かん》染《せん》症《しょう》」のほかにも、次《つぎ》のような病《びょう》気《き》があります。

① 精《せい》巣《そう》捻《ねん》転《てん》症《しょう》

「精《せい》巣《そう》」とは、陰《いん》嚢《のう》（「キンタマ袋《ぶくろ》」といわれるところ）の中《なか》にある、精《せい》子《し》やテストステロンなど男《だん》性《せい》ホルモンをつくる臓《ぞう》器《き》のこと。**精《せい》管《かん》がねじれてしまうため陰《いん》嚢《のう》が突《とつ》然《ぜん》強《つよ》く痛《いた》み、だんだんと腫《は》れてくる病《びょう》気《き》**が「精《せい》巣《そう》捻《ねん》転《てん》症《しょう》」です。寝《ね》ているときに起《お》こることが多《おお》く、吐《は》き気《け》を感《かん》じることも。6時《じ》間《かん》以《い》上《じょう》放《ほう》っておくと精《せい》巣《そう》が壊《え》死《し》（その部《ぶ》分《ぶん》が死《し》んでしまうこと）してしまう可《か》能《のう》性《せい》があるので、急《いそ》いで病《びょう》院《いん》へ行《い》きましょう。

② 精《せい》巣《そう》がん

精《せい》巣《そう》にできる「がん」のことです。だんだん精《せい》巣《そう》が大《おお》きくなり、触《さわ》るとかたいところがある場合《ばあい》は、精巣《せいそう》がんのおそれがあります。少《すこ》しでも気《き》になる部分《ぶぶん》があったら病院《びょういん》を受診《じゅしん》しましょう。

③精索静脈瘤《せいさくじょうみゃくりゅう》

精巣《せいそう》やその上部《じょうぶ》（精索部《せいさくぶ》）の血管《けっかん》が、コブのようにふくらむ病気《びょうき》です。病気《びょうき》が進《すす》むと、陰嚢《いんのう》の皮膚《ひふ》がボコボコと腫《は》れて見《み》えます。

性器《せいき》に気《き》になる症状《しょうじょう》がある場合《ばあい》は、泌尿器科《ひにょうきか》を受診《じゅしん》しましょう。泌尿器《ひにょうき》とは、おしっこをつくって体《からだ》の外《そと》に出《だ》すために働《はたら》く器官《きかん》のこと。男性《だんせい》の場合《ばあい》はおしっこの通《とお》り道《みち》と精子《せいし》の通《とお》り道《みち》が合流《ごうりゅう》しているので、性器《せいき》の病気《びょうき》も診《み》てもらえます。

怖《こわ》がりすぎず、
なんか変《へん》かも？
と思《おも》ったら
相談《そうだん》してブル

「勃《た》つ」ってなにが起《お》きているの？

男《おとこ》の子《こ》にとって、ペニスとはとても不思議《ふしぎ》であり、興味深《きょうみぶか》い存在《そんざい》ではないでしょうか。何《なん》となく触《さわ》っているうちにピーンと立《た》ってしまって、びっくりした経験《けいけん》がある人《ひと》も多《おお》いかもしれません。

男性器《だんせいき》がかたく、大《おお》きくなることを「勃起《ぼっき》」といいます。勃起《ぼっき》は、**性器《せいき》の中《なか》のスポンジ状《じょう》の部分《ぶぶん》に血液《けつえき》が集《あつ》まると起《お》こる自然現象《しぜんげんしょう》。**じつは、男《おとこ》の子《こ》はお母《かあ》さんのおなかの中《なか》にいるときから、勃起《ぼっき》をしているのです。勃起《ぼっき》は何《なに》もしていないときでも1日《にち》に何回《なんかい》も起《お》こるもので、朝起《あさお》きたら勃起《ぼっき》していることもあれば、授業中《じゅぎょうちゅう》に勃起《ぼっき》してしまうこともあります。

思春期《ししゅんき》になると、性器《せいき》を触《さわ》っているうちに気持《きも》ちがよくなって勃起《ぼっき》したり、好《す》きな子《こ》のことや性的《せいてき》なことを考《かんが》えたりしているうちに勃起《ぼっき》するようにもなります。

そうしているうちに、性器《せいき》の先《さき》から白《しろ》くて粘《ねば》り気《け》のある液体《えきたい》がピュッと！　おしっ

性器《せいき》の図解《ずかい》

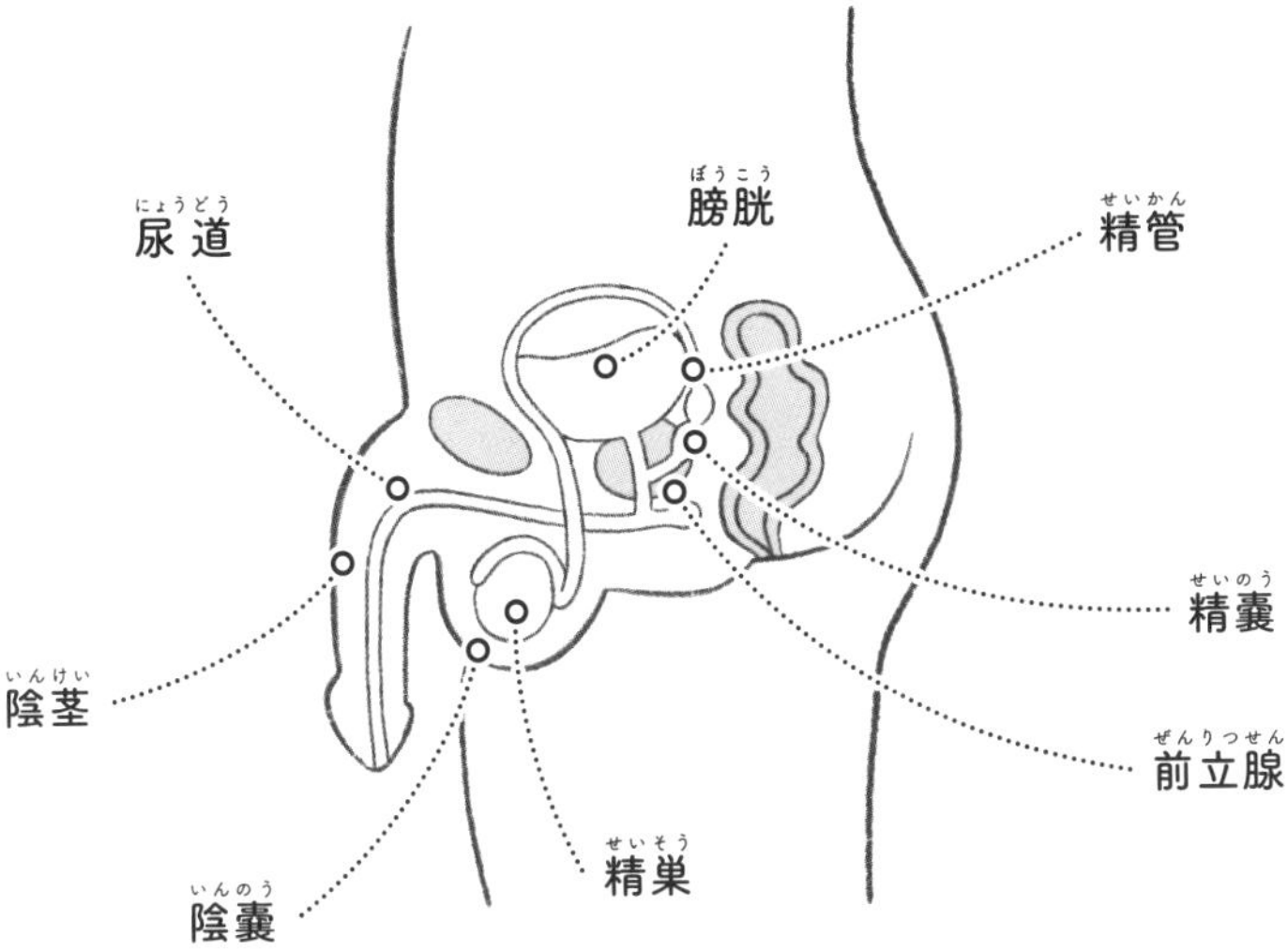

ことはちょっと違《ちが》う、見慣《みな》れないものが飛《と》び出《だ》してきて、びっくりした経験《けいけん》がある人《ひと》もいるかもしれませんね。

いきなり飛《と》び出《だ》したその液体《えきたい》の正体《しょうたい》は、おしっこではなく、**精子《せいし》が含《ふく》まれた「精《せい》液《えき》」**。**尿道《にょうどう》から精子《せいし》が出《で》ることを「射精《しゃせい》」**といい、生《う》まれて**初《はじ》めて射精《しゃせい》することを「精通《せいつう》」といいます**。精通《せいつう》は10歳《さい》ごろから18歳《さい》ぐらいの間《あいだ》に起《お》こりますが、個人差《こじんさ》があるので人《ひと》と比《くら》べる必要《ひつよう》はありません。

思春期《ししゅんき》になって男性《だんせい》ホルモンが増《ふ》えると、男性《だんせい》らしい体《からだ》つきになるということは、26ページで紹介《しょうかい》しましたね。同時《どうじ》に、体内《たいない》で精子《せいし》もつくれるようになるのです。**精子《せいし》は陰嚢《いんのう》の中《なか》にある精巣《せいそう》という器官《きかん》で、1日《にち》に数千万《すうせんまん》から1億《おく》以上《いじょう》もつくられます。**

女性《じょせい》はお母《かあ》さんのおなかの中《なか》にいるときから卵子《らんし》の数《かず》が決《き》まっていますが、男性《だんせい》の精子《せいし》はほぼ無限《むげん》。**一生《いっしょう》にわたって、毎日精子《まいにちせいし》はつくられ続《つづ》けます。**ただし、年《とし》をとったりストレスを受《う》けたりすると、精子《せいし》の量《りょう》はだんだんと減《へ》っていきます。

射精《しゃせい》は毎日《まいにち》ある人《ひと》もいれば、まったくない人《ひと》もいます。人《ひと》それぞれで、決《き》まった周《しゅう》期《き》や回数《かいすう》もないので、「回数《かいすう》が多《おお》いから」「少《すく》ないから」といって心配《しんぱい》する必要《ひつよう》はありません。射精《しゃせい》の仕組《しく》みについて、もう少《すこ》し詳《くわ》しくお話《はな》ししましょう。

①**精子《せいし》が精管《せいかん》（精子《せいし》を尿道《にょうどう》まで運《はこ》ぶ管《くだ》）を通《とお》って射精管《しゃせいかん》（前立腺《ぜんりつせん》の中《なか》にある尿道《にょうどう》へつながる管《くだ》）へ入《はい》る。**

②**精嚢《せいのう》と前立腺《ぜんりつせん》からの分泌物《ぶんぴつぶつ》と精子《せいし》が射精管《しゃせいかん》で混《ま》ざり、「精液《せいえき》」になる。**

③**「射精《しゃせい》をがまんできない」という気持《きも》ちになる。**

④その直後《ちょくご》、精液《せいえき》のほとんどが精嚢《せいのう》から精子管《せいしかん》を通《とお》り、一気《いっき》に尿道《にょうどう》へ。

⑤骨盤《こつばん》と尿道《にょうどう》のまわりの筋肉《きんにく》がリズミカルに引《ひ》き締《し》まったり縮《ちぢ》んだりし、精液《せいえき》が尿道《にょうどう》から一気《いっき》に飛《と》び出《だ》す。このとき、筋肉《きんにく》の動《うご》きに合《あ》わせてオルガズム（「気持《きも》ちいい！」という感覚《かんかく》）を味《あじ》わう。

ちなみに、**1回《かい》の射精《しゃせい》では、数千万《すうせんまん》から数億《すうおく》もの精子《せいし》が出《で》て行《い》きます。**また、射精《しゃせい》されなかった精子《せいし》は体内《たいない》に吸収《きゅうしゅう》されるので、**射精《しゃせい》しないからといって精子《せいし》があふれ出《だ》すようなことはありません。**

ONE《わん》 POINT

⇩1回《かい》の射精《しゃせい》では、数千万《すうせんまん》から数億《すうおく》もの精子《せいし》が出《で》て行《い》く

⇩精通《せいつう》の年齢《ねんれい》や射精《しゃせい》の回数《かいすう》には個人差《こじんさ》があるので、人《ひと》と比《くら》べる必要《ひつよう》はナシ！

精液《せいえき》とおしっこは混《ま》ざらない

　ここまで読《よ》んで、「え、精液《せいえき》とおしっこって、同《おな》じところから出《で》てくるの？」「おしっこと混《ま》ざってそう……」と思《おも》った人《ひと》もいるかもしれません。

結論《けつろん》からいうと、**尿《にょう》と精液《せいえき》が混《ま》ざることはありません**。

　順《じゅん》を追《お》って説明《せつめい》しましょう。まず、おしっこ（尿《にょう》）がつくられるのは、腎臓《じんぞう》という器官《きかん》です。腎臓《じんぞう》は血液《けつえき》の中《なか》にあるいらないものを取《と》り除《のぞ》き、きれいになった血液《けつえき》を再《ふたた》び体中《からだじゅう》にめぐらせる働《はたら》きをしています。腎臓《じんぞう》で「いらないもの」とされた不要物《ふようぶつ》や余《よ》計《けい》な水分《すいぶん》は、「尿《にょう》」として膀胱《ぼうこう》にためられます。尿《にょう》がたまると尿道《にょうどう》を通《とお》って体《からだ》の外《そと》に出《だ》しますが、ふだんは膀胱《ぼうこう》から尿道《にょうどう》への出口《でぐち》は閉《し》まっています。おしっこが勝手《かって》に少《すこ》しずつ出《で》てくることがないのは、そのためです。

　さらに、射精《しゃせい》が近《ちか》づいてくると、カウパー腺液《せんえき》という液体《えきたい》も分泌《ぶんぴつ》されます。カウパー腺液《せんえき》には尿《にょう》で酸性《さんせい》になっていた尿道《にょうどう》をアルカリ性《せい》にして、酸性《さんせい》に弱《よわ》い精子《せいし》が死《し》なない

おしっこと精液《せいえき》の出《で》る仕組《しく》み

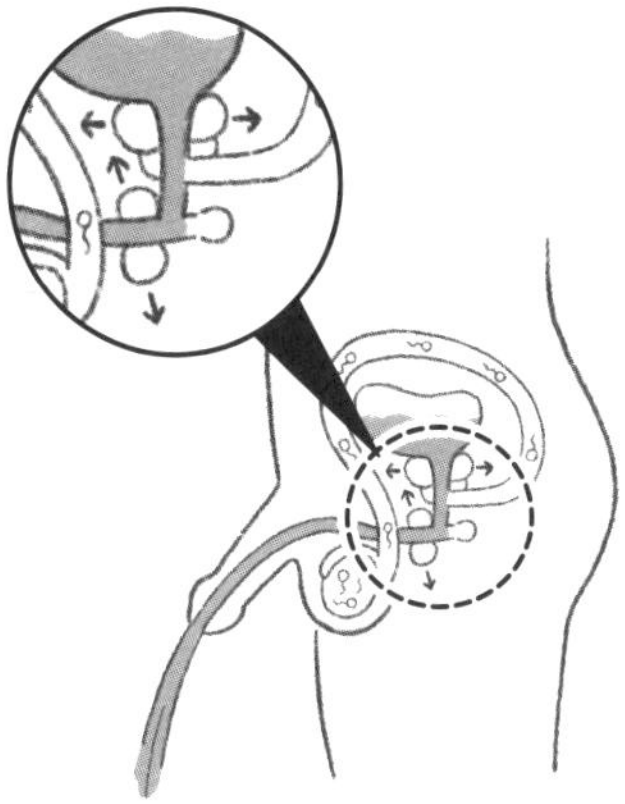

たまった尿《にょう》が
尿道《にょうどう》を通《とお》り外《そと》に出《で》る

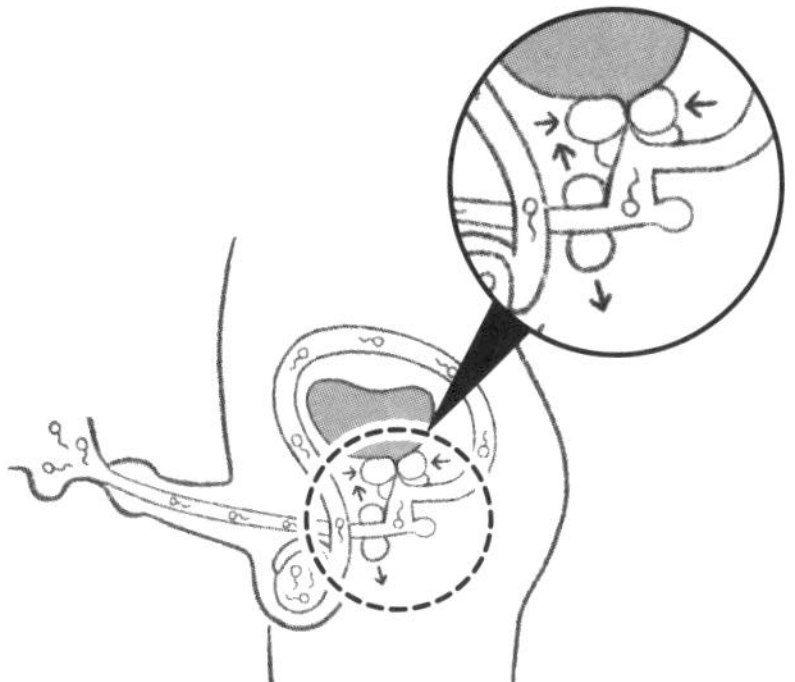

精液《せいえき》が出《で》るときは
膀胱《ぼうこう》の出口《でぐち》は閉《し》まる

ようにする働《はたら》きもあります。

つまり、**尿《にょう》も精液《せいえき》も同《おな》じ尿道《にょうどう》を通《とお》りはするけれど、精液《せいえき》が出《で》るときは膀胱《ぼうこう》の出口《でぐち》は閉《し》まっているので尿《にょう》と精液《せいえき》が混《ま》ざることもない**し、射精《しゃせい》のときは精子《せいし》が通《とお》りやすいための環境《かんきょう》が一瞬《いっしゅん》にして整《ととの》えられるのです。

尿《にょう》も精液《せいえき》も、
汚《きたな》いもの
じゃないブル

セルフプレジャー／マスターベーションについて

成長《せいちょう》するにしたがって心《こころ》や体《からだ》に変化《へんか》が起《お》こり、人《ひと》や自分《じぶん》の体《からだ》に興味《きょうみ》をもつのは自然《しぜん》なことです。同《おな》じように、自分《じぶん》の性器《せいき》など体《からだ》を触《さわ》って気持《きも》ちよくなることも自然《しぜん》なこと。「**性器《せいき》を触《さわ》って気持《きも》ちよくなりたい**」「**射精《しゃせい》して気持《きも》ちよくなりたい**」「**パートナーに触《ふ》れたい**」**という欲求《よっきゅう》を**「**性欲《せいよく》**」といいます。「寝《ね》たい（睡眠欲《すいみんよく》）」「食《た》べたい（食欲《しょくよく》）」と同《おな》じように、性欲《せいよく》も人間《にんげん》が本来《ほんらい》もっている自然《しぜん》な欲《よく》なのです。汚《きたな》いこと、変《へん》なこと、おかしなことなどと思《おも》わなくて大丈夫《だいじょうぶ》。

自分《じぶん》で自分《じぶん》の体《からだ》を触《さわ》って気持《きも》ちよくすることを「**セルフプレジャー**」「**マスターベーション**」「**オナニー**」「**自慰《じい》**」などといいます。セルフプレジャーはしてもしなくてもかまいませんし、「1日《にち》に何回《なんかい》まで」といった決《き》まりもありません。

しかし、やり方《かた》にはちょっと注意《ちゅうい》。おすすめの方法《ほうほう》があるので、参考《さんこう》にしてください。

セルフプレジャーのポイント

① 基本《きほん》は手《て》で行《おこ》なう。強《つよ》くにぎりすぎない

陰茎《いんけい》をにぎる強《つよ》さは「生卵《なまたまご》がわれないくらい」「棒《ぼう》スナック菓子《がし》がこわれないくらい」が目安《めやす》です。

② アダルト情報《じょうほう》を参考《さんこう》にするときは、ノーマルなものを

スマホなどで過激《かげき》な情報《じょうほう》もかんたんに手《て》に入《はい》りますが、刺激的《しげきてき》なものに慣《な》れてしまうと、普通《ふつう》のマスターベーションや性交《せいこう》で興奮《こうふん》できなくなることがあります。妄想《もうそう》などをふくらませるのもおすすめです。

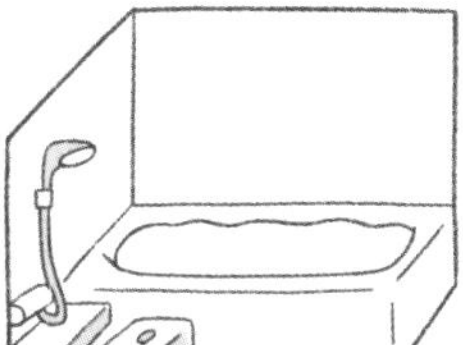

お風呂《ふろ》やトイレ、
自分《じぶん》の部屋《へや》など
ひとりになれる空間《くうかん》で

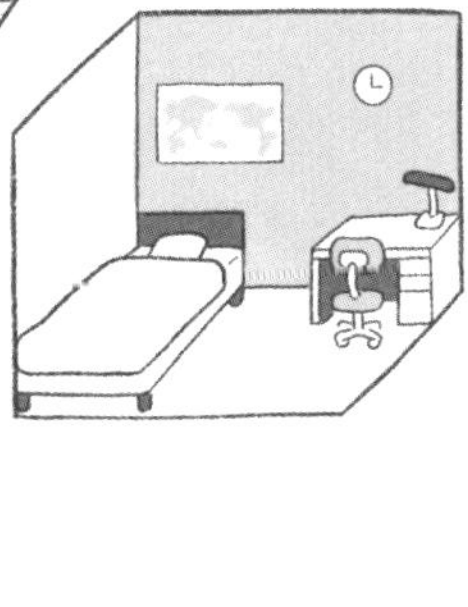

これで性欲が強くなる!!
マスターベーションの方法

情報《じょうほう》にふりまわされないこと

おすすめしないセルフプレジャーのやり方《かた》

① 刺激《しげき》が強《つよ》すぎる

床《ゆか》や布団《ふとん》などに性器《せいき》をこすりつけたり、強《つよ》く握《にぎ》りすぎたり、早《はや》くしごきすぎたりといったことが習慣《しゅうかん》になると、性交《せいこう》のときに射精《しゃせい》できなくなってしまうおそれも。

② 通常《つうじょう》のセックスとはかけ離《はな》れた体勢《たいせい》

仰向《あおむ》けで足《あし》をピンと伸《の》ばして射精《しゃせい》する体勢《たいせい》など。その姿勢《しせい》でないと射精《しゃせい》できなくなるおそれがあり、やはり性交《せいこう》のときに困《こま》ってしまいます。

③ 人間《にんげん》の動《うご》きにはない動《うご》きをする器具《きぐ》を使《つか》う

電動《でんどう》マッサージ器《き》などで振動《しんどう》を与《あた》えたり、シャワーなどで刺激《しげき》を与《あた》えたりなど。

④ 射精《しゃせい》をがまんする

射精《しゃせい》しそうになったときに根元《ねもと》をにぎってがまんしようとすると、精液《せいえき》が逆流《ぎゃくりゅう》することがあります。

セルフプレジャーはプライベートなことなので、安心《あんしん》してひとりになれる場所《ばしょ》（自《じ》分《ぶん》の部屋《へや》・家《いえ》のお風呂場《ふろば》・トイレなど）でしてくださいね。

そして、性器《せいき》はデリケートな場所《ばしょ》なので、**触《さわ》る前《まえ》にはきちんと手《て》を洗《あら》いましょう。**

もちろん、「昨日《きのう》は2回《かい》した」「どうやってする？」など、むやみに人《ひと》に話《はな》したり、人《ひと》の様子《ようす》を無理《むり》やり聞《き》き出《だ》したりすることはＮＧ。いくら親《した》しい友達同士《ともだちどうし》でも、話《はな》すときは事前《じぜん》に相手《あいて》にそういう話《はなし》をしてもよいか確認《かくにん》しましょう。ただし、話題《わだい》として共《きょう》有《ゆう》したい相手同士《あいてどうし》ならどんどん話《はなし》をしてもよいでしょう。

プライベート
なことだから、
ひとりになれる
ところで
するブル

寝《ね》ながら出《で》てしまうのは、なんで？

寝《ね》ている間《あいだ》に射精《しゃせい》してしまうこともあり、これを「夢精《むせい》」といいます。夢精《むせい》によって精通《せいつう》を迎《むか》える人《ひと》もいます。

初《はじ》めて夢精《むせい》したときは、「もしかして、おねしょしちゃった!?」とあわててしまうかもしれません。ですが、おねしょは尿独特《にょうどくとく》のアンモニア臭《しゅう》がするさらっとした液体《えきたい》なのに対《たい》し、**精液《せいえき》はまた違《ちが》ったにおいであり、白《しろ》くてドロッとしています。**落《お》ち着《つ》いて観察《かんさつ》すると、違《ちが》いはわかりやすいかと思《おも》います。

夢精《むせい》は性的《せいてき》な夢《ゆめ》を見《み》たりしているときに起《お》こることが多《おお》いもの。とはいえ、起《お》きたときには夢《ゆめ》の記憶《きおく》がない場合《ばあい》もあります。「夢《ゆめ》を見《み》ていないのに、射精《しゃせい》してしまった」と気《き》にする必要《ひつよう》もありません。また、セルフプレジャーの回数《かいすう》が少《すく》ない人《ひと》は、夢精《むせい》が多《おお》くなることもわかっています。

12歳《さい》から16歳《さい》の間《あいだ》に起《お》こることが多《おお》いのも、夢精《むせい》の特徴《とくちょう》です。この時期《じき》は精液《せいえき》の成《せい》

夢精《むせい》をしたときの対処法《たいしょほう》

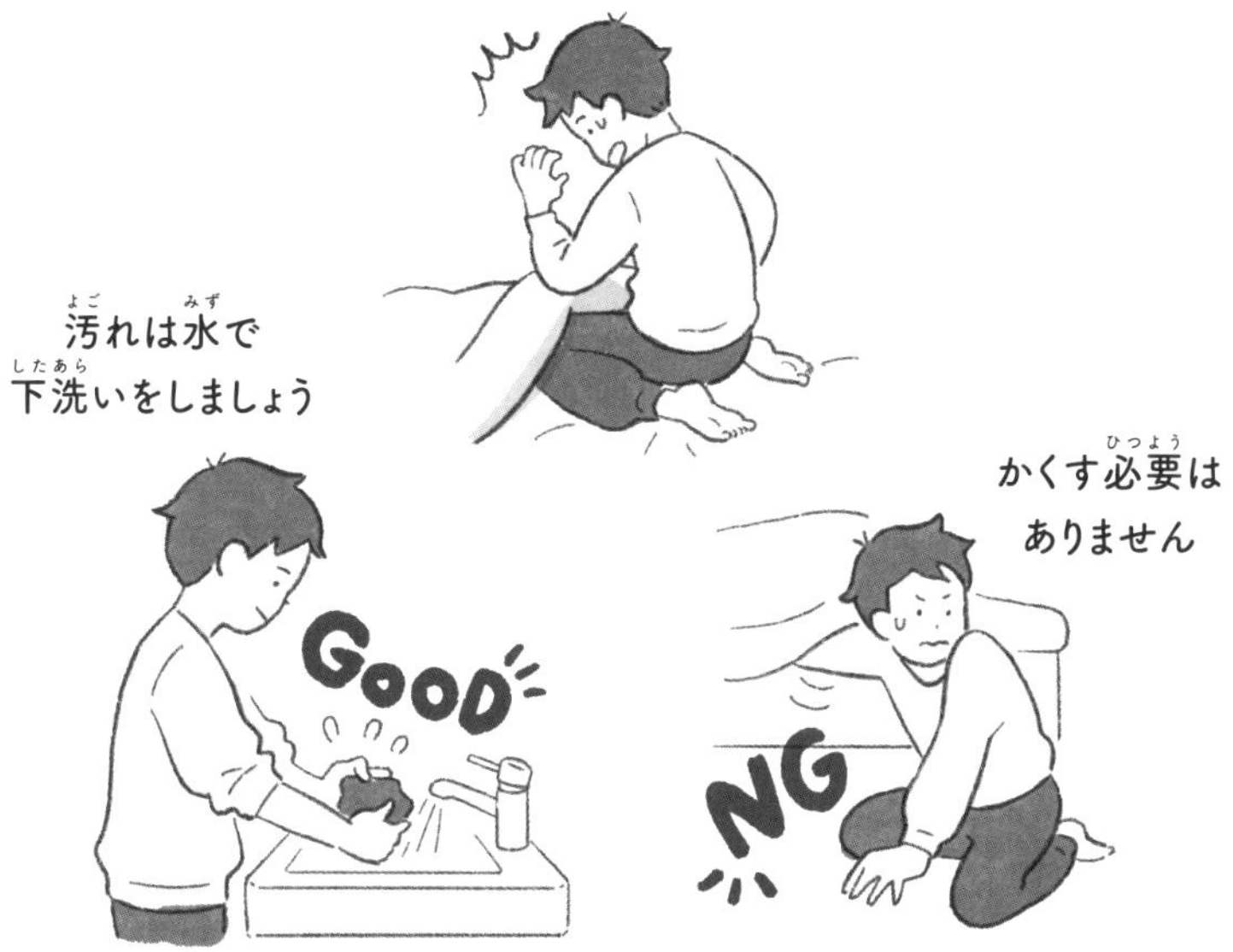
汚《よご》れは水《みず》で
下洗《したあら》いをしましょう
GOOD
かくす必要《ひつよう》は
ありません
NG

分《ぶん》をつくる精嚢腺《せいのうせん》や前立《ぜんりつ》腺《せん》が大量《たいりょう》の分泌物《ぶんぴつぶつ》をつくるため、射精反応《しゃせいはんのう》が起《お》こりやすくなることで、夢《む》精《せい》も起《お》こりやすいと考《かんが》えられています。

初《はじ》めて夢精《むせい》したときはびっくりしてしまうかもしれないけれど、男性《だんせい》にとっては自然《しぜん》なことですし、もちろん病気《びょうき》ではないので安心《あんしん》してください。逆《ぎゃく》に、夢精《むせい》をしたこともない男性《だんせい》もいますが、こちらも病気《びょうき》ではないので、心配《しんぱい》する必要《ひつよう》はありません。

なお、パンツやシーツについた精子《せいし》は、そのまま洗濯機《せんたくき》で洗《あら》ってもなかなかとれません。ヌルヌルしなくなるまで手洗《てあら》いしてから、固《かた》くしぼって洗濯物《せんたくもの》入《い》れに入《い》れるようにしましょう。このとき、熱《あつ》いお湯《ゆ》で洗《あら》ってもとれないことが多《おお》いので、必《かなら》ず水《みず》かぬるま湯《ゆ》を使《つか》うようにしてください。

また、夢精《むせい》したということは家族《かぞく》にいう必要《ひつよう》もなければ、かくす必要《ひつよう》もありません。伝《つた》えたとしても、**「下着《したぎ》は手洗《てあら》いして、洗濯機《せんたくき》の中《なか》に入《い》れておいてね」**ということを、明《あか》るくいってくれるはずです。

一方《いっぽう》で、小学生《しょうがくせい》だとまだ精通《せいつう》も経験《けいけん》していない場合《ばあい》も多《おお》いかもしれません。体《からだ》の成《せい》長《ちょう》と同《おな》じように、性的《せいてき》な成長《せいちょう》にも個人差《こじんさ》があるのです。「人《ひと》とは比《くら》べる必要《ひつよう》がないもの」ということを理解《りかい》し、友達《ともだち》に対《たい》しても「夢精《むせい》したことないの？」「精通《せいつう》した？」といったことを、相手《あいて》がイヤがっているならそれ以上《いじょう》は聞《き》かないことです。

逆《ぎゃく》に、友達《ともだち》よりも早《はや》めに精通《せいつう》などが起《お》こった場合《ばあい》は、正《ただ》しい知識《ちしき》を身《み》につけていないために「自分《じぶん》はおかしいかもしれない」「精液《せいえき》は汚《きたな》いもの」という間違《まちが》ったイメージ

汚《よご》れたパンツやシーツの洗《あら》い方《かた》

① 汚《よご》れた部分《ぶぶん》を水《みず》かぬるま湯《ゆ》で下洗《したあら》いをする

② ヌルヌルがなくなるまで、よく洗《あら》う

③ 汚《よご》れがとれたら、洗濯機《せんたくき》で洗《あら》う

をもってしまうケースもあります。それは将来的《しょうらいてき》に性行為《せいこうい》に対《たい》してネガティブな印象《いんしょう》をもってしまうことにつながる場合《ばあい》もあります。

精通《せいつう》や射精《しゃせい》は成長《せいちょう》の過程《かてい》で経験《けいけん》することであり、きちんと成長《せいちょう》している証拠《しょうこ》。個人差《こじんさ》があるだけです。「自然《しぜん》なこと」と肯定的《こうていてき》に受《う》け止《と》めることが、何《なに》より大切《たいせつ》です。

ONE《わん》 POINT

⇩ 夢精《むせい》は、ごく自然《しぜん》なことで、病気《びょうき》ではない

⇩ 12歳《さい》から16歳《さい》の間《あいだ》に起《お》こることが多《おお》いけれど、夢精《むせい》がなくても問題《もんだい》ない

子《こ》どもの体《からだ》と心《こころ》の変化《へんか》を見《み》つけたら？

幼児《ようじ》の頃《ころ》は、「ママー、ママー」「こっちきて、遊《あそ》ぼうよ」「どっかいっちゃやだー」など常《つね》に一緒《いっしょ》に行動《こうどう》していても、思春期《ししゅんき》になると「……（無言《むごん》）」「知《し》らない」「うるさい」「ひとりにして」などといわれることもあります。本来《ほんらい》は正常《せいじょう》な発育《はついく》ですね。体格《たいかく》も大人《おとな》に近《ちか》づいてきます。このように実際《じっさい》に、子《こ》どもが思春期《ししゅんき》の体《からだ》と心《こころ》の変化《へんか》の真《ま》っただ中《なか》となったときに、親《おや》はどのように接《せっ》したらよいのでしょうか。

親《おや》としては、子《こ》どもが体《からだ》と心《こころ》の変化《へんか》にとまどっているときこそ相談《そうだん》してほしい、頼《たよ》ってほしいと思《おも》うもの。しかし、子《こ》どもとしては「親《おや》にだけはいいたくない」「知《し》られたくない」と思《おも》っているものです。心《こころ》の中《なか》では、「怒《おこ》られるかも」「心配《しんぱい》かけちゃうかも」と思《おも》っているのかもしれません。それでも、同《おな》じ屋根《やね》の下《した》に住《す》んでいると、どことなく気《き》がついてしまうものです。知《し》らないふりがいいのか、どこまで声《こえ》をかけるべきなのか迷《まよ》うところでしょうか。

こんな対応《たいおう》を目指《めざ》したい

子《こ》どもが体《からだ》と心《こころ》の変化《へんか》にとまどっているようなら相談《そうだん》してほしいと思《おも》うお父《とう》さん・お母《かあ》さんは多《おお》いでしょう。できればあれこれ口出《くちだ》ししたいのをぐっとこらえて、次《つぎ》のような対応を心がけてみるのはいかがでしょうか。

① 見守《みまも》る

あれこれ聞《き》かず、そっと見守《みまも》ること。相談《そうだん》しやすい雰囲《ふんい》気《き》をつくることは心《こころ》がけましょう。

② 寄《よ》り添《そ》う

相談《そうだん》してきたときに、寄《よ》り添《そ》うこと。否定《ひてい》をしないで、共《きょう》感《かん》をするようにします。

③ ほどよい距離感《きょりかん》

つかず離《はな》れずな距離感《きょりかん》でいること。相談《そうだん》したいときは話《はな》せるし、離《はな》れたいときには離《はな》れていられるくらいで。

子《こ》どもが何《なに》かいってきたり、反発《はんぱつ》したり、悩《なや》んでいるような雰囲気《ふんいき》があったりしても、何《なに》かいいたくなるのをちょっと我慢《がまん》。**子《こ》どもの悩《なや》みは、子《こ》ども自身《じしん》のものなので、本人《ほんにん》から相談《そうだん》してくるまでは、見守《みまも》るというスタンス**でいるようにしましょう。話《はな》しやすい雰囲気《ふんいき》やきっかけをつくってあげてもいいですね。

反発《はんぱつ》してきたとき、それに真正面《ましょうめん》から応《おう》じて言《い》い返《かえ》してしまうと言《い》い合《あ》いになるばかりで、関係《かんけい》がギクシャクしてしまったり、会話《かいわ》がなくなったりしてしまうことも。

ただし、**見守《みまも》るといっても、放置《ほうち》することはしないようにしましょう。**「ぼくのことに関心《かんしん》がないんだ」「どうだっていいんだ」と子《こ》どもが思《おも》ってしまうと、より心《こころ》の距離《きょり》が開《ひら》いてしまいます。難《むずか》しいですが、なるべくつかず離《はな》れずといった距離感《きょりかん》を保《たも》ちたいところ。

子《こ》どもから悩《なや》みやイヤなことがあったことなどを話《はな》してきたときには、「それは、イヤだったよね」「どうしたらいいだろうね」と否定《ひてい》せず**共感《きょうかん》を心《こころ》がけます**。寄《よ》り添《そ》っている、あなたの味方《みかた》だよと伝《つた》えることで、**安心感《あんしんかん》を与《あた》えることができます**。また、この本《ほん》や性教育《せいきょういく》の本《ほん》をわたしてあげることで、「相談《そうだん》していいんだよ」というメッセージを伝《つた》えてもいいかもしれません。

体《からだ》の成長《せいちょう》を知《し》った場合《ばあい》も、子《こ》どもから悩《なや》みや困《こま》ったことなどをもちかけてくるまでは見守《みまも》るようにしましょう。体《からだ》の変化《へんか》は、とくに親《おや》にはいいたくないと思《おも》っているかもしれません。

それでもやはり、体《からだ》が自分《じぶん》の思《おも》いとは関係《かんけい》なく成長《せいちょう》し変化《へんか》していくことは、とまどいが大《おお》きいものです。そんなときは、**同性《どうせい》であるお父《とう》さんや年上《としうえ》の兄弟《きょうだい》、いとこなどから、自分《じぶん》が同《おな》じ年《とし》ごろのときどうだったかという話《はなし》や、悩《なや》んでいたこと、知《し》っておきたいことなどを経験者《けいけんしゃ》として伝《つた》えるのもよいでしょう。**経験《けいけん》を話《はな》せるのは、同性《どうせい》ならではです。

見守《みまも》る・
寄《よ》り添《そ》う・
ほどよい距離《きょり》が、
大事《だいじ》ブル

Q

子《こ》どもが自分《じぶん》の性器《せいき》を触《さわ》っているのが気《き》になる

A

性器《せいき》を触《さわ》っているからといって、必《かなら》ずしもセルフプレジャーをしているというわけではありません。安心《あんしん》したい、むずがゆいなどの気持《きも》ちで、落《お》ち着《つ》くから触《さわ》っているというケースも多《おお》くあります。

ただ、頻繁《ひんぱん》に触《さわ》っていたりしたら、

かゆい？　痛《いた》い？

何《なに》か気《き》になるの？

などと聞《き》いてみてもよいでしょう。もしかしたら、病気《びょうき》が隠《かく》れているかもしれません。気《き》になった場合《ばあい》は、小児科《しょうにか》などに相談《そうだん》してみましょう。

自分《じぶん》の体《からだ》を自分《じぶん》が触《さわ》ることにNGはありません。触《さわ》るということ自体《じたい》を禁《きん》止《し》しないようにしましょう。人前《ひとまえ》でやらないようにさせることが大事《だいじ》です。

とてもプライベートなことだから人前《ひとまえ》では、触《さわ》らないようにしようね

プライベートゾーンは、人前《ひとまえ》でさわってもいいんだっけ？

などをやんわり伝《つた》えてみましょう。

病気《びょうき》の他《ほか》にも、極度《きょくど》に不安《ふあん》に思《おも》っている、心配《しんぱい》していることがあるのかもしれません。話《はなし》をして、悩《なや》んでいることなどを聞《き》くようにしてみましょう。

column Q&A

Q

ペニスを触《さわ》った手《て》を「ばっちいから洗《あら》って」といってしまったけど……

A

性器《せいき》をいじっている姿《すがた》を見《み》ると、ついいってしまうセリフかもしれません。性器《せいき》を不潔《ふけつ》なものだと認識《にんしき》していることが背景《はいけい》にある場合《ばあい》もあるでしょう。

たしかに性器《せいき》はトイレで触《ふ》れるものというイメージも強《つよ》く、不潔《ふけつ》なものと感《かん》じてしまいがちですが、本来《ほんらい》、性器自体《せいきじたい》が不潔《ふけつ》な存在《そんざい》であるわけではありません。

性器《せいき》は汚《きたな》いものではなく、大事《だいじ》なところであるので、

大事《だいじ》なところだから、汚《きたな》い手《て》で触《さわ》ると、ばい菌《きん》が入《はい》っちゃうかもしれないよ。触《さわ》るときは、手《て》を清潔《せいけつ》にしようね

といってあげたいところです。

もちろん、性器《せいき》を毎日《まいにち》きれいに洗《あら》っているという前提《ぜんてい》です。お風呂《ふろ》できれいに洗《あら》っていなかったりしたら、それは汚《きたな》いものとなります。

食事《しょくじ》の前《まえ》に触《さわ》っているところを目撃《もくげき》したら、

ごはんのときは、手《て》を洗《あら》ってから食《た》べようね

と、手《て》を洗《あら》うことをさりげなくすすめてみてもよいでしょう。

触《さわ》っていけないわけではないので、プライベートゾーンは人前《ひとまえ》では触《さわ》らないことをくり返《かえ》し伝《つた》えることが大事《だいじ》です。

Q

避妊《ひにん》についてうまく伝《つた》えるには?

A

年頃《としごろ》の子《こ》どもに、お付《つ》き合《あ》いしている相手《あいて》がいたとして、避妊《ひにん》についての知識《ちしき》があるのかどうか、心配《しんぱい》になるものです。かといって、年頃《としごろ》の男《おとこ》の子《こ》に面《めん》と向《む》かって切《き》り出《だ》すのはなかなかきっかけがないものです。

初潮《しょちょう》や精通《せいつう》のタイミングで妊娠《にんしん》の仕組《しく》みを教《おし》えたときに、避妊《ひにん》についても伝《つた》えるとよいでしょう。避妊《ひにん》をしないと大変《たいへん》なことになる、という脅《おど》し方《かた》ではなく、妊娠《にんしん》は何歳《なんさい》くらいからパートナーにおきてもいいと思《おも》っているのか聞《き》くことも大事《だいじ》です。その上で、

性行為《せいこうい》をしたいと思《おも》ったときに妊娠《にんしん》の可能性《かのうせい》を減《へ》らすための方法《ほうほう》として、避妊《ひにん》があるんだよ

避妊《ひにん》をしなかったことで、人生《じんせい》の予定《よてい》が変《か》わるのは女《おんな》の子《こ》だよ。相手《あいて》のことを思《おも》うなら、避妊《ひにん》は大事《だいじ》なことだよ

ということを教《おし》えます。できるなら、実際《じっさい》にコンドームを渡《わた》すのもよいですが、渡《わた》すだけではなく、使《つか》い方《かた》やなぜ必要《ひつよう》なのか(避妊《ひにん》、性感染症《せいかんせんしょう》予防《よぼう》)を伝《つた》えるようにします。使《つか》い方《かた》や避妊《ひにん》をする理由《りゆう》がそもそもわかっていなければ、意味《いみ》がありません。

性行為《せいこうい》をするということは、自分《じぶん》と相手《あいて》の人生《じんせい》に関《かか》わる責任《せきにん》があることで、避妊《ひにん》や性感染症《せいかんせんしょう》の知識《ちしき》があるということは大前提《だいぜんてい》です。知識《ちしき》がないうちは、性行為《せいこうい》をする資格《しかく》はないと親《おや》からはっきりと伝《つた》えることが大切《たいせつ》です。

column
Q&A

Q

なんでお母《かあ》さんには、ちんちんがないの？

A

就学前《しゅうがくまえ》や小学校低学年《しょうがっこうていがくねん》くらいだと純粋《じゅんすい》に不思議《ふしぎ》に思《おも》って聞《き》いている場合《ばあい》も多《おお》いでしょう。興味《きょうみ》をもっての質問《しつもん》なので、「かくしてある」「忘《わす》れてきちゃった」などとごまかしたりせず、きちんと答《こた》えます。

よく、気《き》がついたね。男《おとこ》の人《ひと》と女《おんな》の人《ひと》で、体《からだ》のつくりが違《ちが》うんだよ。大人《おとな》になると、より違《ちが》いが出《で》てくるよ

男《おとこ》の人《ひと》には、おちんちんがあって、女《おんな》の人《ひと》にはおまたがあるんだよ。どちらも“性器《せいき》”っていうよ

と答《こた》えましょう。気《き》がついたことを褒《ほ》めて、じゃあどこが違《ちが》うんだろうと、考《かんが》えさせるのもよいでしょう。

違《ちが》うところもあるけど、同《おな》じところもあるよね

体《からだ》って、一人《ひと》ひとり違《ちが》うんだよ。いろいろな体《からだ》の人《ひと》がいるんだよ

と、多様性《たようせい》の話《はなし》へとつなげてもよいでしょう。

column Q&A

Q

「ペニス」とか「陰茎《いんけい》」とか子《こ》どもの前《まえ》ではずかしくていえない……

A

「ペニス」も「陰茎《いんけい》」もいやらしい言葉《ことば》だと思《おも》わず、手《て》や足《あし》と同じように体《からだ》の構造《こうぞう》のひとつとして科学的《かがくてき》に考《かんが》えてみましょう。

子《こ》どもにプライベートゾーンなどの説明《せつめい》をするときに親《おや》がはずかしがってしまっては、そのはずかしさが子《こ》どもにも伝《つた》わってしまいます。“性器《せいき》ははずかしいもの”と、子《こ》どもに思《おも》い込《こ》ませたくないところです。

子《こ》どもに伝《つた》える前《まえ》に、実際《じっさい》に口《くち》に出《だ》して練習《れんしゅう》をしてみてもよいでしょう。膣《ちつ》や性器《せいき》なども同様《どうよう》です。

また、いうタイミングも大切《たいせつ》です。性教育《せいきょういく》は、子《こ》どもが興味《きょうみ》をもったときがチャンスでもあります。性器《せいき》などについて質問《しつもん》されたとき、子《こ》どもが疑問《ぎもん》をもったときを逃《のが》さず、正面《しょうめん》からきちんと説明《せつめい》します。

裸《はだか》で入《はい》るお風呂《ふろ》は、お母《かあ》さんと男《おとこ》の子《こ》とで体《からだ》の違《ちが》いがわかりやすいので、性教育《せいきょういく》の場面《ばめん》としておすすめです。

また、トイレで男《おとこ》の子《こ》は立《た》ってするのに、女《おんな》の子《こ》は座《すわ》ってするのはなんで？などと聞《き》かれたときも、男女《だんじょ》の体《からだ》の違《ちが》いの説明《せつめい》のチャンス。身近《みぢか》なところに、性教育《せいきょういく》ができる場面《ばめん》は、あふれています。

第《だい》4章《しょう》

好《す》きになったときに知《し》っておきたいこと

セックス、妊娠《にんしん》、女《おんな》の子《こ》の変化《へんか》を知《し》ろう

ドキドキして気《き》になる。これって好《す》きってことなの？

キーン
コーン
アハハ
！
体育館いこーぜ
なんか
みおちゃんのこと
見《み》ちゃうんだよな
ハッ
？
その日《ひ》の夜《よる》
今日《きょう》ねー
保育園《ほいくえん》でねー
レン
（ソータの弟《おとうと》）
キャッ
キャッ
ひなちゃんとね
ひろくんとね
のりちゃんとね
みーんなで遊《あそ》んだ！
もしかしてレンって
人気者《にんきもの》なの？
そだよー
おれ 人気者《にんきもの》なの
みんなのこと
ダイスキだぜ！
へぇー
ひろくんのことも？
レンは
男《おとこ》の子《こ》のことも
「好《す》き」
なのかー？
スキ
なんで
笑《わら》うのさ？
？

ギャア
にいちゃんのバカー!
へんなの〜
ギャア
もー!っ
ケンカしないの!
パパ
ソータ それはどうかな
Ta☆da☆i☆ma
あ! おかえりなさい
今日早いね
ハイ 買いもの
サンキュ!
「好《す》き」の話《はなし》だけどさ 好《す》きになる相手《あいて》が必《かなら》ず異性《いせい》っていうことはないんだよ 好《す》きな相手《あいて》が同性《どうせい》ということもある 心《こころ》と体《からだ》の性《せい》が違《ちが》うこともあるんだ
男《おとこ》の子《こ》だから 女《おんな》の子《こ》だから こう! っていう 性別《せいべつ》による「らしさ」も 見直《みなお》されてきているよ
訳《やく》:そうそう よくわかってるブルねー パパさん
ワン!
家族《かぞく》が旅行中《りょこうちゅう》につき預《あず》けられている徳五郎《とくごろう》

カップルにも
いろいろな形《かたち》が
あるんだよ
家《うち》の場合《ばあい》は
お父《とう》さんと
お母《かあ》さんが
お互《たが》い好《す》きになって
結婚《けっこん》した
心《こころ》と体《からだ》の性《せい》が
違《ちが》うって話《はなし》を
してるのは
テレビや動画《どうが》でも
見《み》たことある
レンが話《はな》してた
“好《す》き”は
友情《ゆうじょう》の好《す》き
なんだろうけどね
イェーイ！
ソータは
気《き》になる子《こ》とか
いないの？
ハア？
うっざ！
ほんと
そういうの
いらないから！
バァン
ソータ
あ〜！やっちゃった！
私《わたし》ったらもう！
子《こ》どもにも
境界線《きょうかいせん》が
あるのに！
NO〜〜！
踏《ふ》み込《こ》まれたくない
領域《りょういき》は
家族《かぞく》でもあるからね
何《なん》だよ
気《き》になる子《こ》って…
なんで
みおちゃんが
出《で》てくるんだ？

そろそろ「好《す》き」とか「付《つ》き合《あ》う」ことについて考《かんが》える年齢《ねんれい》なのかもしれないなぁ
相手《あいて》に同意《どうい》を得《え》ずにいきなり抱《だ》きついてしまったり
キスしたりするのはいけないってことを教《おし》えないとね
気持《きも》ちが進《すす》むあまり性的《せいてき》なふれあいまでしてしまうと相手《あいて》も自分《じぶん》も傷《きず》つく可能性《かのうせい》があるものね
ワンワン
(うんうん)
自分《じぶん》のことはもちろん女《おんな》の子《こ》の心《こころ》と体《からだ》の変化《へんか》も理解《りかい》してほしいな
気《き》になる子《こ》かぁ…
シャコ
シャコ
ポワ〜
みおちゃん…が…好《す》き…ってこと…?
えー!
そっかぼくみおちゃんのことが好《す》きなんだ…
もっと話《はな》したい…
笑《わら》ってるのすごくかわいい
ドキ
ドキ

ふれあいにもルールがある

62ページで人《ひと》には境界線《きょうかいせん》があるというお話《はなし》をしました。どんなに仲《なか》のよい家族《かぞく》でも友達《ともだち》でも、「今《いま》はハグされたくないな」「今日《きょう》は手《て》をつなぎたくないな」というときがあるかもしれません。

誰《だれ》にでもここから先《さき》は近《ちか》づいてきてほしくないという境界線《きょうかいせん》（バウンダリー）があり、それは時《とき》や場合《ばあい》によって、また年齢《ねんれい》によっても変化《へんか》していきます。

小《ちい》さいころは、家族《かぞく》や保育園《ほいくえん》の先生《せんせい》に抱《だ》っこしてもらったり、ひざの上《うえ》に座《すわ》ったり、手《て》をつないでいたり、ぎゅっと抱《だ》きしめてもらったりしていたかと思《おも》います。今《いま》ではもうそれは恥《は》ずかしいからしたくない、と感《かん》じる人《ひと》もいるかもしれませんし、ふれあうと安心《あんしん》できるからふれあいたいと感《かん》じる人《ひと》もいるかもしれません。

たしかに人《ひと》にふれる、またはふれてもらうことは心地《ここち》よく安心《あんしん》できることだと感《かん》じている人《ひと》は多《おお》いかもしれません。ただし、これは**「信頼《しんらい》できる相手《あいて》」であり、「心《こころ》から**

安心《あんしん》できる場所《ばしょ》」であることが大切《たいせつ》。

苦手《にがて》な相手《あいて》だったり、落《お》ち着《つ》かない場所《ばしょ》だったりすると、人《ひと》とふれあうことは不《ふ》安《あん》や不快《ふかい》に思《おも》うことがあります。「ふれあう」という行為《こうい》には、目《め》と目《め》が合《あ》う、手《て》をつなぐ、並《なら》んで歩《ある》く、近《ちか》い距離《きょり》で見《み》つめ合《あ》うなどがあります。

このほかに、特別《とくべつ》な相手《あいて》との性的《せいてき》なふれあいがあります。キスをする、腰《こし》に手《て》をまわして抱《だ》きよせる、セックスをする……これらに関《かん》しては一方的《いっぽうてき》にふれてしまうと、困《こま》りごとが起《お》こることがあります。

性的《せいてき》なふれあいについては、男《おとこ》の子《こ》と

女《おんな》の子《こ》で思《おも》いに差《さ》が生《しょう》じる場合《ばあい》もあります。

一概《いちがい》にはいえませんが、男《おとこ》の子《こ》の場合《ばあい》、好《す》きになる、抱《だ》きしめたくなる、セックスをしたい！　と一気《いっき》に盛《も》り上《あ》がり、つきすすみがちです。これは、**男《おとこ》の子《こ》のほうが、性《せい》ホルモンの分泌《ぶんぴつ》が多《おお》いので、性的欲求《せいてきよっきゅう》が高《たか》まりやすく、気《き》持《も》ちにズレが生《しょう》じてしまうからです。**

その反面《はんめん》女《おんな》の子《こ》は、好《す》きになる、話《はな》してみたくなる、手《て》をつないだり、抱《だ》き合《あ》うなどふれあいたくなる、セックス、キスをするなど愛《あい》されたくなると少《すこ》しずつ気《き》持《も》ちが盛《も》り上《あ》がっていく傾向《けいこう》があります。性差《せいさ》もありますが、もちろん個人差《こじんさ》もあります。

男《おとこ》の子《こ》が一方的《いっぽうてき》に自分《じぶん》の思《おも》いだけでつきすすんでしまい、たとえば、付《つ》き合《あ》っている相手《あいて》とセックスをしてしまったとします。相手《あいて》の女《おんな》の子《こ》は、本当《ほんとう》はまだイヤだったけど、好《す》きな相手《あいて》なのでガマンして応《おう》じたということが、起《お》こってしまうかもしれません。

ふれあうときには、同性《どうせい》でも異性《いせい》でも、ちゃんと**言葉《ことば》にして相手《あいて》に聞《き》き、お互《たが》いに同《おな》じ気《き》持《も》ちであることを確《たし》かめてから**にします。これを「**同意《どうい》**」といいます。

男《おとこ》の子《こ》と女《おんな》の子《こ》のお付《つ》き合《あ》いの段階《だんかい》イメージ

男《おとこ》の子《こ》と女《おんな》の子《こ》では、気持《きも》ちにズレが生《しょう》じてしまうこともあります。ズレがないかを確認《かくにん》するには同意《どうい》が必要《ひつよう》です。

「ふれたい」「抱《だ》きしめたい」と自分《じぶん》だけが思《おも》って、それを「相手《あいて》も同《おな》じ気持《きも》ちに違《ちが》いない！」「とくに、イヤだといわないから、同《おな》じ気持《きも》ちなんだろう」「イヤっていっているけど、笑《わら》ってるし本当《ほんとう》はＯＫってことなんだな」と勘違《かんちが》いをして、一方的《いっぽうてき》にふれてしまうと、相手《あいて》にとっては心地《ここち》がよくない、イヤだと思《おも》うことがあるかもしれません。

たとえば、手《て》をつなぎたいと思《おも》ったときに、何《なに》もいわずに手《て》をつないでしまうのは、同意《どうい》がとれていないということ。手《て》をつなぐ前《まえ》に相手《あいて》に「手《て》をつなぎたいんだけど、つないでもいい？」と聞《き》いて、相手《あいて》が「いいよ」といったら、ちゃんと同意《どうい》がとれたということになります。

きちんと言葉《ことば》にしてお互《たが》いに話《はな》して、同《おな》じ気持《きも》ちであることを確認《かくにん》してから、ふれあうようにしましょう。これは、**家族《かぞく》の間《あいだ》でも、友達《ともだち》の間《あいだ》でも同《おな》じです。**

よくあるのが、くすぐりあうこと。相手《あいて》がくすぐられて笑《わら》っていたとしても、それは楽《たの》しくて笑《わら》っているのか、本当《ほんとう》はイヤなのにくすぐったいから笑《わら》ってしまっているのか、わかりません。そんなときも「くすぐってもいい？」と聞《き》けるといいですね。

ふれあうのは、絶対《ぜったい》ダメということではありません。ふれあいのなかで、とくに抱《だ》き合《あ》う（ハグ）には、信頼《しんらい》していたり、大切《たいせつ》に思《おも》っている相手《あいて》とだと、ストレスをやわらげたり、お互《たが》いの愛情《あいじょう》を感《かん》じたり、幸《しあわ》せな気持《きも》ちになれたりという効果《こうか》があったりもします。**心地《ここち》よいふれあいをするためには、ルールを守《まも》りましょう。**

ONE《わん》 POINT

- ⇩ふれあいたいときには、相手《あいて》の同意《どうい》が必要《ひつよう》
- ⇩同意《どうい》が得《え》られなければ、ふれてはいけない
- ⇩きちんと言葉《ことば》にして相手《あいて》に聞《き》き、お互《たが》いの気持《きも》ちを確認《かくにん》することが大切《たいせつ》

セックスって、結局《けっきょく》なにをするの？

「エッチ」「セックス」「性行為《せいこうい》」など、いろいろな言葉《ことば》で聞《き》いたことがあると思《おも》いますし、いやらしい言葉《ことば》、下《しも》ネタだと捉《とら》えている場合《ばあい》もあるかもしれません。でも実際《じっさい》にどういうことをするのか、くわしくはわからない場合《ばあい》も多《おお》いのではないでしょうか。裸《はだか》の男《おとこ》の人《ひと》と女《おんな》の人《ひと》が抱《だ》き合《あ》っているというイメージだけをもっている人《ひと》もいるかもしれません。

動物《どうぶつ》や昆虫《こんちゅう》などの場合《ばあい》は、**「交尾《こうび》」と呼《よ》び、精子《せいし》と卵子《らんし》をむすびつけて、子孫《しそん》を残《のこ》すという行動《こうどう》**となります。発情期《はつじょうき》という、繁殖《はんしょく》をする時期《じき》が動物《どうぶつ》にはあります。本能的《ほんのうてき》に子孫《しそん》を多《おお》く残《のこ》さなければ！と思《おも》い、交尾《こうび》をします。

人間《にんげん》の場合《ばあい》は「性交《せいこう》」と呼《よ》びます。同《おな》じく精子《せいし》と卵子《らんし》をむすびつけて子孫《しそん》を残《のこ》すという目的《もくてき》以外《いがい》に、**コミュニケーションとしての性交《せいこう》**もあります。

人間《にんげん》には発情期《はつじょうき》はありません。性行為《せいこうい》をするかしないか、妊娠《にんしん》をするかしないかは、

付《つ》き合《あ》っていてもふれあいにはルールがある

- ふれあいには同意《どうい》が必要《ひつよう》
- 一方的《いっぽうてき》に押《お》し付《つ》けない

自分《じぶん》で選《えら》べます。

思春期《ししゅんき》の二次性徴《にじせいちょう》のころになると、性欲《せいよく》が高《たか》まり、性行為《せいこうい》に興味《きょうみ》をもつのはとても自然《しぜん》なことです。性的《せいてき》なことに関心《かんしん》があるか、ないかは個人差《こじんさ》があります。友達《ともだち》がしていたから自分《じぶん》もしないとダメかもしれない、遅《おく》れているかもしれないなどと思《おも》う必要《ひつよう》はありません。

また付《つ》き合《あ》うことになったら必《かなら》ず性《せい》行為《こうい》をしないといけないと思《おも》わないことも大切《たいせつ》です。まわりにあわせず、自《じ》分《ぶん》の気持《きも》ちを大切《たいせつ》にしましょう。

性交《せいこう》を科学的《かがくてき》に解説《かいせつ》すると、**ペニス**

が勃起《ぼっき》した状態《じょうたい》で、膣《ちつ》に入《はい》ることです。その膣《ちつ》の中《なか》で、射精《しゃせい》した精子《せいし》が膣《ちつ》から子宮《しきゅう》へと進《すす》み、卵子《らんし》にたどりつくと受精卵《じゅせいらん》になります。受精卵《じゅせいらん》が子宮《しきゅう》に着床《ちゃくしょう》すると妊娠《にんしん》ということになります。射精《しゃせい》と生理《せいり》がある男女《だんじょ》の性行為《せいこうい》には、妊娠《にんしん》の可能性《かのうせい》があるということです。妊娠《にんしん》の仕組《しく》みについては、１４４ページで詳《くわ》しく紹介《しょうかい》しています。

性行為《せいこうい》は、単《たん》なる子孫《しそん》を残《のこ》すための動物《どうぶつ》の交尾《こうび》とは違《ちが》い、相手《あいて》のことを思《おも》い、信頼《しんらい》しあって行《おこな》う愛情表現《あいじょうひょうげん》ともいえます。

前《まえ》ページでもふれましたが「**ふれあいには、同意《どうい》が必要《ひつよう》**」です。性行為《せいこうい》は、性的《せいてき》なふれあいであるため、とくにこの同意《どうい》が必要《ひつよう》。無理《むり》やりなんて、絶対《ぜったい》にしてはいけません。「なんとなく、その場《ば》の雰囲気《ふんいき》でＯＫかと思《おも》って……」「イヤとはいわれなかったから……」というあいまいなこともダメ。お互《たが》いの積極的《せっきょくてき》な〝ＹＥＳ！〟が必要《ひつよう》です。

相手《あいて》に同意《どうい》がなく、一方的《いっぽうてき》に体《からだ》に触《ふ》れたり、性行為《せいこうい》をしてしまうと、それは性暴力《せいぼうりょく》にあたります。相手《あいて》のことをコントロールしてしまっているのと同《おな》じです。もし同意《どうい》のない性行為《せいこうい》で、予定外《よていがい》の妊娠《にんしん》をしてしまったら……心《こころ》と体《からだ》が大《おお》きく傷《きず》つくのは、女の子《こ》です。妊娠《にんしん》を中断《ちゅうだん》するための中絶手術《ちゅうぜつしゅじゅつ》をしたり、傷《きず》ついた心《こころ》がなかなか癒《い》やされなかったり、以前《いぜん》の自分《じぶん》に戻《もど》れないということもあるかもしれません。

相手《あいて》に体《からだ》を触《ふ》れられたくないとき、一方的《いっぽうてき》に触《ふ》れてきたときなどは、ちゃんと「イヤ！」といいましょう。たとえ、好《す》きな相手《あいて》だったとしても、自分《じぶん》の気持《きも》ちがまだふれるタイミングじゃないと感《かん》じたら、断《ことわ》ってもよいのです。もし断《ことわ》って、相手《あいて》の気持《きも》ちが冷《さ》めて離《はな》れてしまったら、自分《じぶん》とは気持《きも》ちが合《あ》わなかったんだなと思《おも》いましょう。

これは女《おんな》の子《こ》だけでなく、男《おとこ》の子《こ》だって同《おな》じ。**男《おとこ》の子《こ》だってふれあいたくない相手《あいて》・タイミング・場所《ばしょ》だったらハッキリと断《ことわ》ってよいのです。**

相手《あいて》を思《おも》い、
大切《たいせつ》にする
ことが一番《いちばん》
大事《だいじ》ブル

妊《にん》娠《しん》の仕《し》組《く》みについて知《し》る

男性《だんせい》も女性《じょせい》も、体《からだ》の中《なか》に赤《あか》ちゃんの「もと」を半分《はんぶん》ずつもっています。男性《だんせい》の「精子《せいし》」と、女性《じょせい》の「卵子《らんし》」がそれです。精子《せいし》は長《なが》さ0・05㎜ほど、太《ふと》さは髪《かみ》の毛《け》1本《ほん》ほど、おたまじゃくしのような形《かたち》をしています。卵子《らんし》は女性《じょせい》の卵巣《らんそう》という臓器《ぞうき》にある細胞《さいぼう》です。0・15㎜ほどの大《おお》きさ・髪《かみ》の毛《け》3本分《ほんぶん》ぐらいの太《ふと》さで、丸《まる》い形《かたち》をしています。

女性《じょせい》には、尿道口《にょうどうこう》と肛門《こうもん》の間《あいだ》に「膣《ちつ》」という赤《あか》ちゃんの通《とお》り道《みち》があります。膣《ちつ》は赤《あか》ちゃんの出口《でぐち》であると同時《どうじ》に、精子《せいし》の入《い》り口《ぐち》でもあります。**男性《だんせい》は性器《せいき》（ペニス）を使《つか》って膣《ちつ》の中《なか》に射精《しゃせい》することで、精子《せいし》を送《おく》り込《こ》みます。この行為《こうい》を「性交《せいこう》」といいます。**

精子《せいし》が卵子《らんし》まで届《とど》き、卵管《らんかん》の中《なか》で合体《がったい》して正真正銘《しょうしんしょうめい》の**赤《あか》ちゃんの「もと」になることを、「受精《じゅせい》」、赤《あか》ちゃんの「もと」を「受精卵《じゅせいらん》」といいます。**

ちなみに、1回《かい》の射精《しゃせい》で数千万《すうせんまん》から数億《すうおく》もの精子《せいし》が出《で》ていきますが、このなかで卵《らん》

妊娠《にんしん》するまでの流《なが》れ

①赤《あか》ちゃんのもとになる精子《せいし》

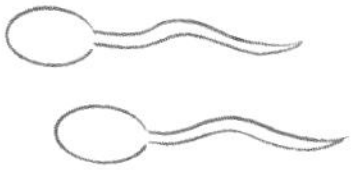

②膣《ちつ》から入《はい》った精子《せいし》が卵子《らんし》を目指《めざ》して進《すす》む

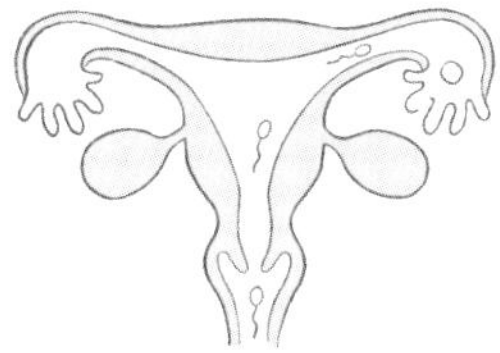

③卵子《らんし》に辿《たど》り着《つ》き受精卵《じゅせいらん》になる

④子宮《しきゅう》の中《なか》で10ヵ月《げつ》育《そだ》ち赤《あか》ちゃんとして生《う》まれる

子《し》まで辿《たど》り着《つ》き、**受精卵《じゅせいらん》になれるのはたったひとつの精子《せいし》だけです。**

受精卵《じゅせいらん》はその後《ご》、細胞《さいぼう》分裂《ぶんれつ》をくり返《かえ》しながら子《し》宮《きゅう》へ移動《いどう》し、赤《あか》ちゃんを育《そだ》てる部屋《へや》である子宮内《しきゅうない》膜《まく》にたどりつきます（着《ちゃく》床《しょう》）。このタイミングが「妊娠《にんしん》」です。順調《じゅんちょう》にいけばそこで約《やく》10ヵ月間《げつかん》成長《せいちょう》し、再《ふたた》び膣《ちつ》を通《とお》って赤《あか》ちゃんとして生《う》まれてくるのです。

なお、妊娠《にんしん》すると女性《じょせい》はまず、生理《せいり》がこなくなります。「だるい」「吐《は》き気《け》がする」「ねむい」など、体調《たいちょう》が悪《わる》くなる人《ひと》もいます。これを「つわり」といいます。月経《げっけい》のある女性《じょせい》と射精《しゃせい》ができる男性《だんせい》が性交《せいこう》をすれば、小学生《しょうがくせい》や中学生《ちゅうがくせい》でも妊娠《にんしん》する可能性《かのうせい》はおおいにあります。実際《じっさい》に、小学《しょうがく》6年生《ねんせい》で出産《しゅっさん》したという例《れい》もあります。「セックスしたい」という思《おも》いが高《たか》まったときには、ちょっと考《かんが》えてみて。自分《じぶん》や相手《あいて》が妊娠《にんしん》した場合《ばあい》、子《こ》どもを育《そだ》てることはできますか？　そのためのお金《かね》や時間《じかん》はありますか？　赤《あか》ちゃんのお世話《せわ》のために、勉強《べんきょう》やスポーツなど好《す》きなことに熱中《ねっちゅう》できる時間《じかん》がかなり減《へ》ってしまっても大丈夫《だいじょうぶ》ですか？

赤《あか》ちゃんが生《う》まれることは、とてもすばらしいことです。生《う》まれる前《まえ》、**精子《せいし》が卵子《らんし》に辿《たど》り着《つ》くということすら、奇跡《きせき》のような確率《かくりつ》でもあるのです。**ただ、生《う》まれた赤《あか》ちゃんがすくすくと育《そだ》って大人《おとな》になるまでには、たくさんの人《ひと》の力《ちから》と、お金《かね》と時間《じかん》、自分《じぶん》自身《じしん》の気持《きも》ちの強《つよ》さが必要《ひつよう》です。

また、**自分《じぶん》のことを「子《こ》ども」だと思《おも》ううちは興《きょう》味《み》本《ほん》位《い》での性交《せいこう》はしないこと。**一時《いちじ》の気持《きも》ちの高《たか》まりに流《なが》されず、本当《ほんとう》に妊娠《にんしん》・出産《しゅっさん》をのぞんでいるのか、赤《あか》ちゃんを育《そだ》てていく生活《せいかつ》が本当《ほんとう》に実現《じつげん》できるのかをしっかり考《かんが》える必要《ひつよう》があります。

もし、「妊娠《にんしん》したかも」と感《かん》じる状況《じょうきょう》になったときは、すぐに信頼《しんらい》できる大人《おとな》に相談《そうだん》しましょう。

ONE《わん》 POINT

- 精子《せいし》が卵子《らんし》と合体《がったい》することを「受精《じゅせい》」といい、それによってできた赤《あか》ちゃんの「もと」を「受精卵《じゅせいらん》」という
- 受精卵《じゅせいらん》が細胞分裂《さいぼうぶんれつ》をしながら子宮《しきゅう》へ移動《いどう》し、子宮内膜《しきゅうないまく》に辿《たど》り着《つ》いたタイミングが「妊娠《にんしん》」
- 性交《せいこう》する前《まえ》には、「妊娠《にんしん》・出産《しゅっさん》する準備《じゅんび》があるのか」「今《いま》、妊娠《にんしん》しても大丈夫《だいじょうぶ》か」を二人《ふたり》でよく考《かんが》えよう

妊《にん》娠《しん》をしない方《ほう》法《ほう》はあるの？

妊娠《にんしん》しないようにすることを「避妊《ひにん》」といいます。一番確実《いちばんかくじつ》な避妊方法《ひにんほうほう》は「性交《せいこう》しないこと」ですが、ここでは性交《せいこう》するときの避妊方法《ひにんほうほう》についてお話《はな》しします。ただし、**使《つか》い方《かた》や状況《じょうきょう》などによっては100%完璧《かんぺき》に避妊《ひにん》できるものではないこと**も覚《おぼ》えておきましょう。

ひとつは「低用量《ていようりょう》ピル」という女性用《じょせいよう》の薬《くすり》です。脳《のう》に「妊娠《にんしん》している」と思《おも》い込《こ》ませることで排卵《はいらん》を止《と》める方法《ほうほう》です。生理痛《せいりつう》の治療《ちりょう》などにも使《つか》われます。ただし、副作《ふくさ》用《よう》が出ることもあります。

もうひとつ、女性用《じょせいよう》の器具《きぐ》として、「子宮内避妊具《しきゅうないひにんぐ》」というものがあります。**婦人科《ふじんか》で子宮《しきゅう》の中《なか》に装着《そうちゃく》してもらい、受精卵《じゅせいらん》が着床《ちゃくしょう》するのを防《ふせ》ぎます。**生理痛《せいりつう》の治療《ちりょう》などにも使《つか》われます。

そして一番入手《いちばんにゅうしゅ》しやすいのが「コンドーム」。男性《だんせい》が使《つか》うゴム製《せい》のカバーです。**ペニ**

コンドームのつけ方《かた》

① 指《ゆび》で押《お》してコンドームを取《と》り出《だ》し、表《おもて》と裏《うら》を確認《かくにん》する

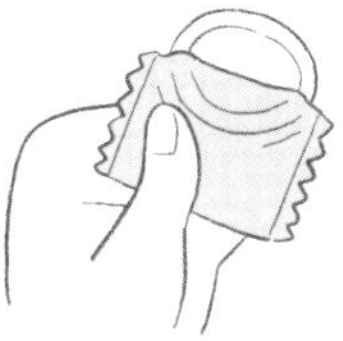

② 精液《せいえき》だまりのところをつまみ、空気《くうき》をぬく

③ ペニスの皮《かわ》を根元《ねもと》によせて、コンドームをかぶせる

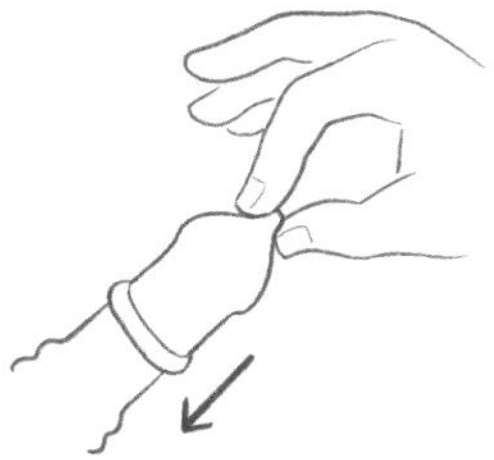

④ 射精後《しゃせいご》はコンドームを押《お》さえながら膣《ちつ》からぬき、精液《せいえき》をもらさないように外《はず》し、ティッシュなどにつつんで捨《す》てる

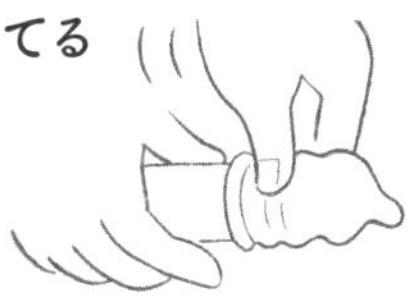

スの表面《ひょうめん》にかぶせて、膣《ちつ》の中《なか》に精子《せいし》が入《はい》るのを防《ふせ》ぎます。性感染症《せいかんせんしょう》の予防《よぼう》にもなります。ドラッグストアやコンビニなどで購入《こうにゅう》できて、サイズ・厚《あつ》さなどはさまざま。つけ方《かた》にもコツがいるので、上《うえ》の図《ず》をお手本《てほん》に練習《れんしゅう》してみましょう。

性感染症予防《せいかんせんしょうよぼう》のためにも、コンドームをつけることは性交《せいこう》すると

きの基本《きほん》であり、相手《あいて》に対《たい》するマナーでもあります。ほかの避妊《ひにん》の方法《ほうほう》では、性感染《せいかんせん》症《しょう》の予防《よぼう》はできません。ただし、コンドームでも防《ふせ》ぎきれないものもあり、すべての病気《びょうき》を回避《かいひ》することは難《むずか》しいといわれています。

また、世《よ》の中《なか》には次《つぎ》のようなまちがった避妊情報《ひにんじょうほう》も出回《でまわ》っているので注意《ちゅうい》が必要《ひつよう》です。

○**膣外射精《ちつがいしゃせい》**（射精《しゃせい》するときだけ膣《ちつ》から性器《せいき》を出《だ》す）

精子《せいし》は射精《しゃせい》する前《まえ》から出《で》ており、ペニスを膣《ちつ》に入《い》れただけで妊娠《にんしん》することもあります。

○**安全日《あんぜんび》**（妊娠《にんしん》しづらい日《ひ》があるという考《かんが》え）

妊娠《にんしん》しにくい日《ひ》はあっても、妊娠《にんしん》しないわけではありません。また、精子《せいし》は子宮《しきゅう》の中《なか》で数日間《すうじつかん》生《い》きています。排卵日《はいらんび》を確認《かくにん》できない人《ひと》には、安全日《あんぜんび》という考《かんが》え方《かた》は危《あぶ》ないです。

避妊《ひにん》に失敗《しっぱい》したときは、**72時間以内《じかんいない》に産婦人科《さんふじんか》で処方《しょほう》してもらう「緊急避妊薬《きんきゅうひにんやく》」を**

飲《の》むと、90%近《ちか》くの確率《かくりつ》で妊娠《にんしん》を避《さ》けられます。あくまで最終手段《さいしゅうしゅだん》ですが、もしものときのために知識《ちしき》としてもっておくとよいでしょう。

避妊《ひにん》の3つの方法《ほうほう》

○低用量《ていようりょう》ピル

- 排卵《はいらん》をとめる
- 飲《の》み忘《わす》れてしまうこともある
- 病院《びょういん》で入手可能《にゅうしゅかのう》
- 血栓症《けっせんしょう》などの副作用《ふくさよう》もある

○子宮内避妊具《しきゅうないひにんぐ》

- 受精卵《じゅせいらん》の着床《ちゃくしょう》を防《ふせ》ぐ
- 子宮《しきゅう》に入《い》れるので、飲《の》み忘《わす》れることがない
- 病院《びょういん》の受診《じゅしん》が必要《ひつよう》
- 病院《びょういん》で入手可能《にゅうしゅかのう》

○コンドーム

- 精子《せいし》を膣内《ちつない》に入《い》れるのを防《ふせ》ぐ
- 性感染症《せいかんせんしょう》を予防《よぼう》できる
- 外《はず》れたり、破《やぶ》れたりして避妊《ひにん》に失敗《しっぱい》することがある
- コンビニやドラッグストアなどで入手可能《にゅうしゅかのう》

100%避妊《ひにん》したいなら、性交《せいこう》はしないことブル

その「アダルト情報《じょうほう》」はリアル？ フィクション？

check!

ネットを見《み》ていると、アダルトサイトやエッチなマンガ、動画《どうが》などの広告《こうこく》が目《め》についたことはないでしょうか。

結論《けつろん》からいうと、こういうものは、つくりものの世界《せかい》。つまり「フィクション」や「エンターテイメント」です。見《み》る人《ひと》を楽《たの》しませるためにつくられたもので、現実《げんじつ》の人《ひと》の気持《きも》ちや行動《こうどう》、状況《じょうきょう》とは一致《いっち》しないことも多《おお》くあります。

よくあるのが次《つぎ》のこと。

- 男性《だんせい》がリードすべき
- 強引《ごういん》にいくほうが、女性《じょせい》は好《す》き
- 女性《じょせい》がいう「イヤ」は、本音《ほんね》ではない
- 女性《じょせい》がセックスをしたいときには、サインがある
- 避妊《ひにん》をしないでセックスをするほうが気持《きも》ちがいい

デートDVの例《れい》

今どこ?
電話して!
だれといるの?

- こまめすぎる連絡《れんらく》、行動《こうどう》を監視《かんし》される
- デートでの出費《しゅっぴ》を支払《しはら》うように強要《きょうよう》される

これらは、全部《ぜんぶ》、フィクションと思《おも》ってよいでしょう。

このような**フィクションと現実《げんじつ》を取《と》り違《ちが》えて、まちがった知識《ちしき》で恋愛《れんあい》や性行為《せいこうい》をする人《ひと》もいます。**自分《じぶん》がイヤだと感《かん》じたら「イヤだ」と否定《ひてい》をし、その人《ひと》から離《はな》れるようにしましょう。これは、女性《じょせい》だけではなく男性《だんせい》でも同《おな》じです。

恋愛中《れんあいちゅう》は、あまりまわりが見《み》えなくなるものです。恋愛中《れんあいちゅう》のカップルにあるのが、デートDV。連絡《れんらく》をこまめにするようにいわれたり、行動《こうどう》を監視《かんし》されたり、デートでの出費《しゅっぴ》を支払《しはら》うようにいわれたり、性行為《せいこうい》を強要《きょうよう》されたり。これは、心《こころ》や体《からだ》への暴力《ぼうりょく》といえます。相手《あいて》を自分《じぶん》に従《したが》わせよう、束縛《そくばく》しようとしてしまうのは、相《あい》手《て》のことを大切《たいせつ》に思《おも》っているとはいえません。

好《す》きな相手《あいて》がいうことだから正《ただ》しい、間違《まちが》っていないと思《おも》いがちですが、本当《ほんとう》にそうでしょうか。他《ほか》の人《ひと》から見《み》ると、それは違《ちが》うんじゃない？　と思《おも》うようなことかもしれません。

少《すこ》しでも「ん？　おかしいな。これはイヤだな」と思《おも》うようなことがあったら、拒《きょ》否《ひ》したら嫌《きら》われるかもしれないという不安《ふあん》に負《ま》けず、「こういうことは、されるのはイヤだ」と伝《つた》えてみましょう。

それでも相手《あいて》が変《か》わろうとしなかったり、相手《あいて》が怖《こわ》いと感《かん》じるようになったら、信《しん》頼《らい》できる大人《おとな》に相談《そうだん》しましょう。

ニュースなどで耳《みみ》にする「性暴力《せいぼうりょく》」「性被害《せいひがい》」。同意《どうい》のない性行為《せいこうい》、性器《せいき》や裸《はだか》の写真《しゃしん》を送《おく》らされる、胸《むね》を触《さわ》られた、服《ふく》を脱《ぬ》がされた、裸《はだか》にさせられて写真《しゃしん》を撮《と》られた、ストーカー被害《ひがい》にあったなどという事態《じたい》は性暴力《せいぼうりょく》や性被害《せいひがい》にあたります。

自分《じぶん》が望《のぞ》んでいない、同意《どうい》していないのにされたら、それらはすべて性暴力《せいぼうりょく》です。性《せい》

別《べつ》も年齢《ねんれい》も関係《かんけい》なく性被害《せいひがい》にあうことがあります。被害《ひがい》を受《う》けた人《ひと》は決《けっ》して悪《わる》くありません。

知《し》り合《あ》い、知《し》らない人《ひと》などどんな相手《あいて》でもあってはならないことです。もしそんな被害《ひがい》にあってしまったら、ひとりで悩《なや》まずに、信頼《しんらい》できる大人《おとな》に相談《そうだん》をしましょう。相談《そうだん》できる専門《せんもん》の機関《きかん》もあります（２２２ページ）。

アダルトサイトやＡＶ（アダルトビデオ）を見《み》たり、テレビや雑誌《ざっし》でかっこいい俳優《はいゆう》さんを見《み》て「筋肉《きんにく》がついたかっこいい男性《だんせい》にならないとモテないんだ」「大《おお》きいペニスじゃないと、男性《だんせい》としてダメなんだ」と思《おも》ってしまう人《ひと》もいます。

コンプレックスを感《かん》じて落《お》ち込《こ》み、恋愛《れんあい》や人生《じんせい》に悲観的《ひかんてき》になってしまうこともあります。「太《ふと》っているし、筋肉《きんにく》もない。顔《かお》もかっこよくない……そんな自分《じぶん》は恋愛《れんあい》をする資格《しかく》がない」と思《おも》いこんでしまい、いきすぎた筋《きん》トレ、ダイエットなどをして、体《からだ》を壊《こわ》してしまうこともあります。

そもそも思春期《ししゅんき》は成長途中《せいちょうとちゅう》。無理《むり》な筋《きん》トレやダイエットをすると、体《からだ》の成長《せいちょう》に影響《えいきょう》が出《で》てしまう可能性《かのうせい》もあります。

コンプレックスを前《まえ》向《む》きに考《かんが》える方法《ほうほう》

○ありのままの自分《じぶん》を受《う》け入《い》れる

➩まるっと自分《じぶん》を認《みと》めてみよう。
また、誰《だれ》かのありのままを受《う》け止《と》めてみよう

○他《ほか》の人《ひと》と比較《ひかく》をしない

➩人《ひと》は人《ひと》、自分《じぶん》は自分《じぶん》。比較《ひかく》したところで、
みんな同《おな》じじゃない

○コンプレックスだと思《おも》うところを改善《かいぜん》してみる

➩原因《げんいん》がわかっていることなら、改善《かいぜん》をこころみる

○自分《じぶん》のいいところを、高《たか》める

➩そこが自分《じぶん》の魅力《みりょく》になるかも

○信頼《しんらい》している人《ひと》にほめてもらう

➩信頼《しんらい》している人《ひと》からの言葉《ことば》の効果《こうか》は大《おお》きい

多《おお》くの人《ひと》が何《なに》かしらのコンプレックスを感《かん》じているものです。体《たい》型《けい》のこと、容姿《ようし》のこと、性格《せいかく》のこと、学歴《がくれき》のこと、家庭環境《かていかんきょう》のことなど悩《なや》みは人《ひと》それぞれ。あなたが思《おも》うかっこいい理想《りそう》の俳優《はいゆう》さんだって、コンプレックスがあるかもしれません。

　コンプレックスと感《かん》じずに、「**ありのままの自分《じぶん》を受《う》け入《い》れるこ**

と」「他《ほか》の人《ひと》と比較《ひかく》しないこと」「自分《じぶん》のいいと思《おも》うところを、もっと高《たか》めてみる」などの思考《しこう》にチェンジするよう心《こころ》がけるだけでも変《か》わります。

それに、多《おお》くの人《ひと》にモテようと考《かんが》えなくてよいのです。大切《たいせつ》なのは、自分《じぶん》に合《あ》う相手《あいて》を見《み》つけること。相手《あいて》のありのままを受《う》け止《と》められる人《ひと》が、ありのままの自分《じぶん》を受《う》け入《い》れてもらえる人《ひと》なのです。人《ひと》に「選《えら》ばれなければならない」と思《おも》う必要《ひつよう》はなく、**「そのままのあなたがいい」といってくれる相手《あいて》を自分《じぶん》で選《えら》ぶことが大切《たいせつ》です。**

ONE《わん》 POINT

⇩デートDVも性暴力《せいぼうりょく》のひとつ

⇩アダルトサイトなどはフィクション。現実《げんじつ》と混同《こんどう》しないこと

⇩コンプレックスを前向《まえむ》きに考《かんが》えよう

女《おんな》の子《こ》の心《こころ》と体《からだ》にも起《お》こっている変《へん》化《か》

「ちょっと前《まえ》まで仲《なか》よく遊《あそ》んでいたのに、最近《さいきん》はあんまり話《はな》していないな」
「なんか、前《まえ》と雰囲気《ふんいき》が変《か》わったような気《き》がする」
「女《おんな》の子《こ》の中《なか》に混《ま》ざって、遊《あそ》ぶのは、はずかしい」

女《おんな》の子《こ》に対《たい》して、こんなふうに感《かん》じたことはありませんか？

思春期《ししゅんき》の**女《おんな》の子《こ》も男《おとこ》の子《こ》と同《おな》じように、心《こころ》や体《からだ》が成長《せいちょう》し、変化《へんか》する時期《じき》です。**自分《じぶん》のことだけでなく「ほかの人《ひと》はどう思《おも》うか」「人《ひと》からどう見《み》られているか」ということも考《かんが》えるようになることで、とまどったり、悩《なや》んだりすることも出《で》てくるものです。

ここで、思春期《ししゅんき》の年《とし》ごろの女《おんな》の子《こ》の変化《へんか》を見《み》ていきましょう。

思春期《ししゅんき》の男子《だんし》に男性《だんせい》ホルモンが増《ふ》えるのと同《おな》じように、思春期《ししゅんき》の女子《じょし》は女性《じょせい》ホルモンが増《ふ》えます。**女性《じょせい》らしい体《からだ》づくりのためにはたらくのが「エストロゲン（卵胞《らんぽう》ホルモン）」、赤《あか》ちゃんができたときに妊娠《にんしん》を守《まも》るためにはたらくのが「プロゲステロン（黄体《おうたい》**

女《おんな》の子《こ》の体《からだ》に起《お》こる変化《へんか》

思春期《ししゅんき》には、男《おとこ》の子《こ》と同《おな》じように女《おんな》の子《こ》も体《からだ》と心《こころ》が変化《へんか》します。
女《おんな》の子《こ》に起《お》こる変化《へんか》を知《し》っておきましょう。

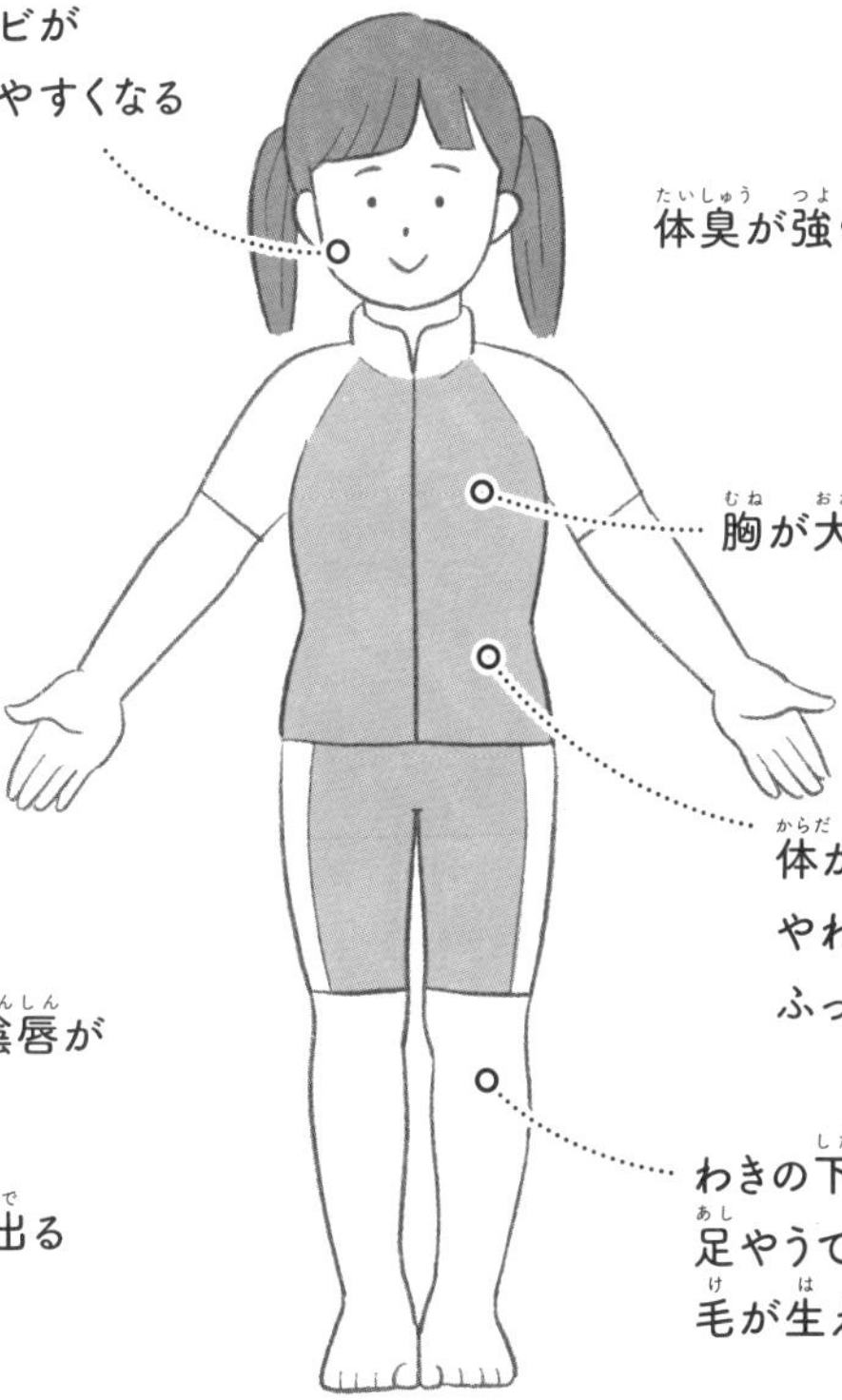
ニキビが
できやすくなる
体臭《たいしゅう》が強《つよ》くなる
胸《むね》が大《おお》きくなる
体《からだ》が全体的《ぜんたいてき》に
やわらかく
ふっくらする
性器《せいき》の小陰唇《しょういんしん》が
大《おお》きくなる
おりものが出《で》る
わきの下《した》、性器《せいき》、
足《あし》やうでに
毛《け》が生《は》える。濃《こ》くなる
初潮《しょちょう》をむかえ、生理《せいり》がはじまる

ホルモン）」です。

女子《じょし》の体《からだ》に起《お》こる変化《へんか》には、次《つぎ》のようなものがあります（男女《だんじょ》に共通《きょうつう》する変化《へんか》は○、女《じょ》子《し》だけに起《お》こる変化《へんか》は●、男女《だんじょ》で少《すこ》しだけ違《ちが》いがある変化《へんか》は△でしめしています）。

● 体《からだ》が全体的《ぜんたいてき》に、やわらかくふっくらしてくる（骨盤《こつばん》の発達《はったつ》などでおしりが大《おお》きくなり、ウエストにくびれができる）
● 胸《むね》が大《おお》きくなる
● おりもの（子宮《しきゅう》などの分泌物《ぶんぴつぶつ》。細菌《さいきん》が入《はい》るのを防《ふせ》ぎ、精子《せいし》が入《はい》るのを助《たす》けるはたらきがある）が出《で》る
● 初潮《しょちょう》をむかえ、生理《せいり》がはじまる
● 性器《せいき》の中《なか》の小陰唇《しょういんしん》が大《おお》きくなる
○ 頭皮《とうひ》・わきの下《した》・足《あし》のうらなど、体臭《たいしゅう》が強《つよ》くなる
○ ニキビができやすくなる
○ わきの下《した》や性器《せいき》のまわりに毛《け》が生《は》える。足《あし》やうでの毛《け》が濃《こ》くなる
△ 声《こえ》が少《すこ》し低《ひく》くなる

生理《せいり》の仕組《しく》み

① 卵巣《らんそう》で卵子《らんし》が成長《せいちょう》する

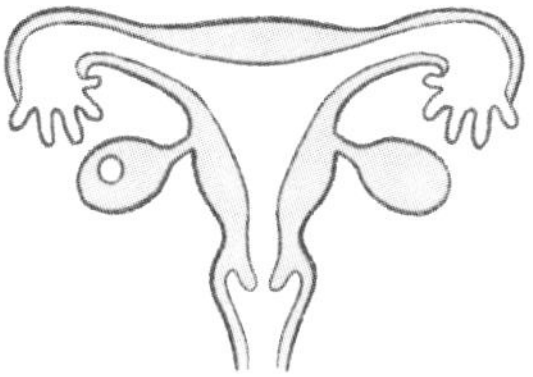

② 卵子《らんし》が卵巣《らんそう》から飛《と》び出《だ》し、子宮《しきゅう》へむかう

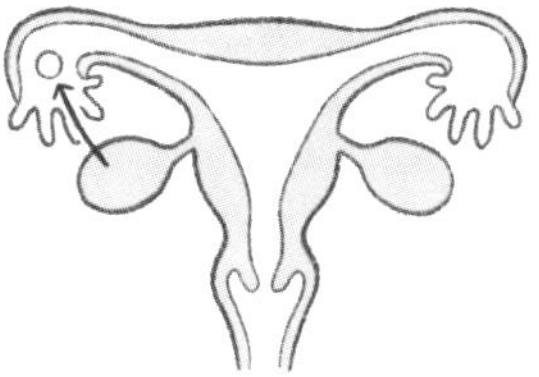

③ 卵子《らんし》が精子《せいし》と出合《であ》わないと受精卵《じゅせいらん》にはならない

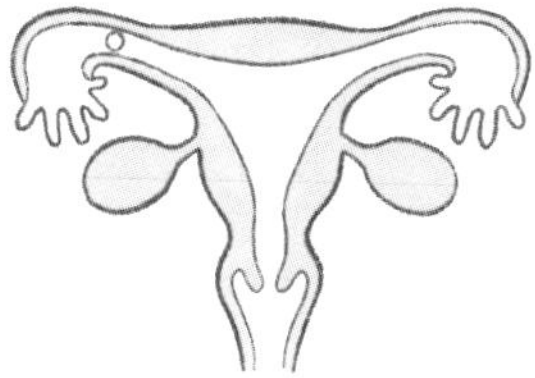

④ 子宮内膜《しきゅうないまく》がはがれて血液《けつえき》と一緒《いっしょ》に外《そと》に出《で》て、月経《げっけい》になる

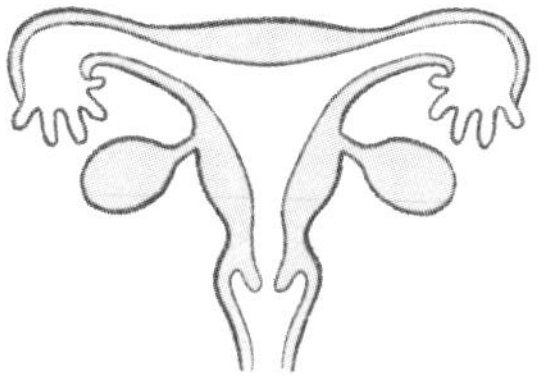

一番《いちばん》大《おお》きな特徴《とくちょう》が「生理《せいり》がはじまる」ということ。144ページで「男性《だんせい》も女性《じょせい》も、体《からだ》の中《なか》に赤《あか》ちゃんの『もと』を半分《はんぶん》ずつもっている」と説明《せつめい》しましたが、赤《あか》ちゃんを産《う》む準《じゅん》備《び》のために起《お》こるのが「生理《せいり》」です。

赤《あか》ちゃんを育《そだ》てる部《へ》屋《や》である子宮内膜《しきゅうないまく》は、毎月《まいつき》新《あたら》しいものが準備《じゅんび》されます。受精卵《じゅせいらん》が届《とど》かないと子宮内膜《しきゅうないまく》はいらなくなり、はがれ落《お》ちて膣《ちつ》を通《とお》って体《からだ》の外《そと》に排出《はいしゅつ》されます。そのときに起《お》きる出血《しゅっけつ》が「生理《せいり》（月経《げっけい》）」です。

生理《せいり》がはじまってから次《つぎ》の生理《せいり》がはじまるまでだいたい1ヵ月《げつ》ぐらいですが、最初《さいしょ》の数年《すうねん》はなかなか期間《きかん》や出血《しゅっけつ》の量《りょう》が安定《あんてい》しないことも多《おお》くあります。

生理《せいり》については個人差《こじんさ》がありますが、大《おお》まかな内容《ないよう》を知《し》っておきましょう。

○出血《しゅっけつ》する期間《きかん》：3〜7日《か》ぐらい

○次《つぎ》の生理《せいり》までの期間《きかん》：25〜38日《にち》ぐらい

○ひと月《つき》の生理《せいり》で出血《しゅっけつ》する量《りょう》：20〜140mLぐらい

初《はじ》めての生理《せいり》を「初潮《しょちょう》」といいます。多《おお》くの女性《じょせい》が、小学校《しょうがっこう》4年生《ねんせい》ぐらいから中学《ちゅうがく》3年生《ねんせい》ぐらいまでの間《あいだ》に初潮《しょちょう》をむかえます。

○月経前症候群《げっけいまえしょうこうぐん》（PMS）

生理前《せいりまえ》や生理中《せいりちゅう》には、さまざまな不調《ふちょう》が起《お》こることがあります。

PMSのときにおこる症状《しょうじょう》

人《ひと》によって症状《しょうじょう》はさまざま。
生理《せいり》の1週間《しゅうかん》くらい前《まえ》に出《で》はじめます。

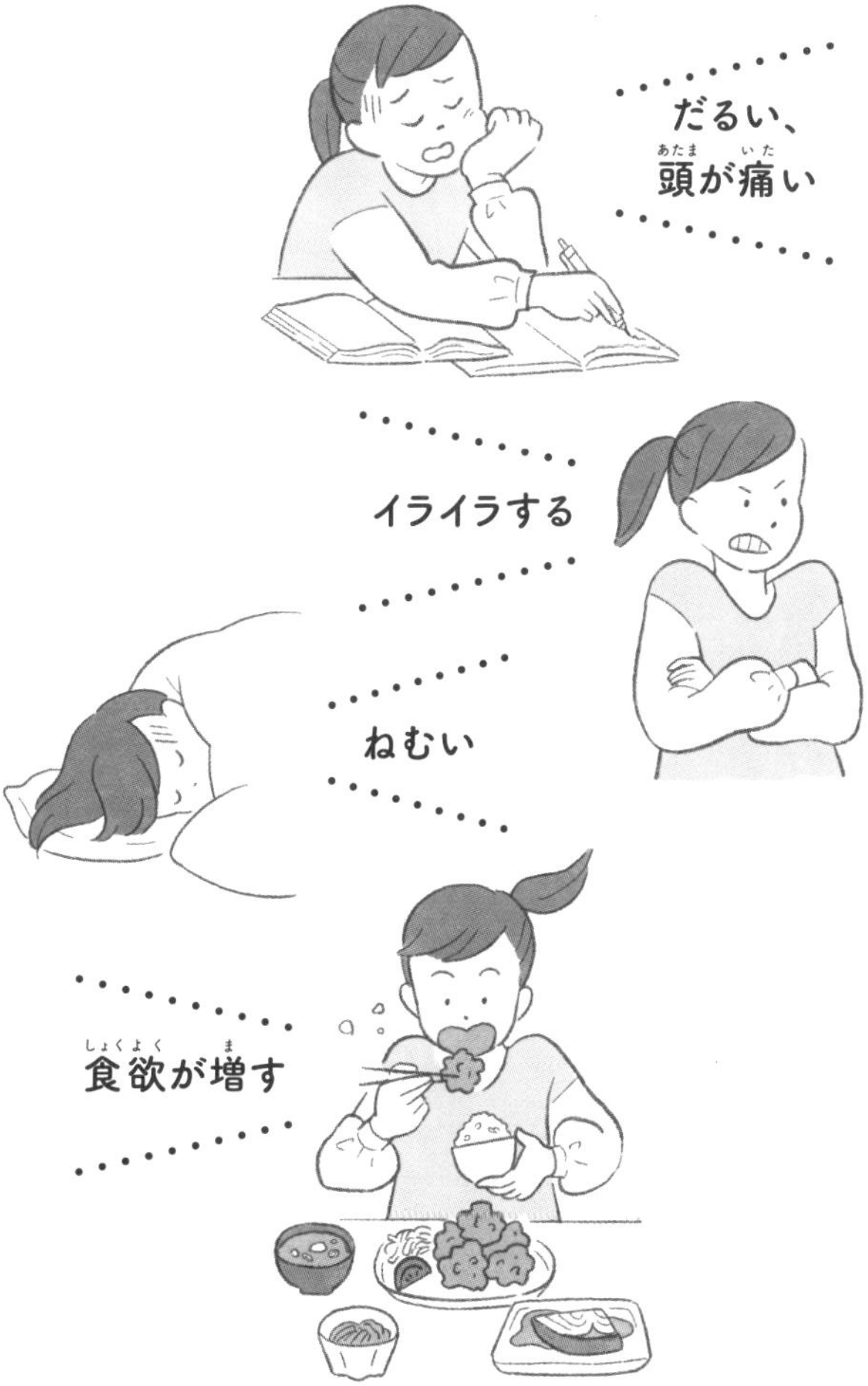

生理《せいり》の1週間《しゅうかん》ぐらい前《まえ》になると、ねむい・だるい・頭《あたま》が痛《いた》い・めまいがする・食欲《しょくよく》が増《ま》す・肩《かた》がこる・イライラする・気分《きぶん》が落《お》ち込《こ》むなどの症状《しょうじょう》が出《で》ることがあります。このことを「月経前症候群《げっけいまえしょうこうぐん》（PMS）」といいます。人《ひと》によって差《さ》があり、まったく症状《しょうじょう》が出《で》ない人《ひと》もいれば、症状《しょうじょう》がひどくてつらく感《かん》じる人《ひと》も。生理《せいり》がはじまると、自然《しぜん》におさまります。

○生理痛《せいりつう》（月経痛《げっけいつう》）など

生理《せいり》が始《はじ》まると、おなかの下《した》のほうがズーンと、またはキリキリと痛《いた》むことがあります。これを「生理痛《せいりつう》（月経痛《げっけいつう》）」といいます。はがれ落《お》ちた子宮内膜《しきゅうないまく》を体外《たいがい》に出《だ》すために子宮《しきゅう》がギューッとのびたりちぢんだり（収縮《しゅうしゅく》）するため、痛《いた》みを感《かん》じるのです。

痛《いた》みのほか、イライラする・眠《ねむ》い・だるい・肩《かた》がこる・下痢《げり》をする・吐《は》き気《け》がするといった症状《しょうじょう》があらわれることもあります。症状《しょうじょう》がひどい場合《ばあい》は鎮痛剤《ちんつうざい》などの薬《くすり》を飲《の》むとラクになりますが、子宮内膜症《しきゅうないまくしょう》などの病気《びょうき》がかくれていることもあります。

生理中《せいりちゅう》はプールの授業《じゅぎょう》などを見学《けんがく》する子《こ》や、おなかが痛《いた》そうにしている子《こ》もいるかもしれません。そんな姿《すがた》を見《み》て、「生理《せいり》じゃない？」などとからかうのはマナー違反《いはん》。

だまってそっと気《き》づかいができるとよいですね。

また、生理中《せいりちゅう》はお風呂《ふろ》に入《はい》れないということはありません。むしろお風呂《ふろ》で湯船《ゆぶね》につかり、体《からだ》を温《あたた》めることで、生理痛《せいりつう》をやわらげる効果《こうか》もあります。

女《おんな》の子《こ》もこのような変化《へんか》が起《お》こっています。その変化《へんか》にとまどい、不安《ふあん》になり、気《き》持《も》ちが不安定《ふあんてい》になっていることもあるかもしれません。**女《おんな》の子《こ》の成長《せいちょう》や心《こころ》と体《からだ》の変化《へんか》を知《し》ることで、困《こま》っている女《おんな》の子《こ》をやさしくサポートできるとよいですね。**正《ただ》しい知《ち》識《しき》のために、お互《たが》いの体《からだ》を知《し》っておくことは大切《たいせつ》です。

ONE《わん》 POINT

- ⇩思春期《ししゅんき》の女子《じょし》も女性《じょせい》ホルモンが増《ふ》える
- ⇩生理《せいり》がはじまる
- ⇩生理中《せいりちゅう》は、生理痛《せいりつう》、月経前症候群《げっけいまえしょうこうぐん》（ＰＭＳ）が起《お》こることもある

好《す》きになる相《あい》手《て》は誰《だれ》？

「好《す》き」という気《き》持《も》ちには、いろいろあります。一緒《いっしょ》に遊《あそ》んでいて楽《たの》しいから好《す》き、話《はなし》が合《あ》うから好《す》き、一緒《いっしょ》にいると安心《あんしん》できるから好《す》き……などあります。その好《す》きのなかで、「ドキドキする」「相《あい》手《て》のことを考《かんが》えると、ボーッとしちゃう」「意識《いしき》していなくても相《あい》手《て》のことを考《かんが》えてしまう」「相《あい》手《て》に触《ふ》れてみたいと思《おも》う」などという気《き》持《も》ちがあったら、それは恋愛感情《れんあいかんじょう》の「好《す》き」かもしれません。

思春期《ししゅんき》のころは、特定《とくてい》の人《ひと》と仲《なか》よくなりたいと思《おも》う傾向《けいこう》にある時期《じき》なので、恋愛感《れんあいかん》情《じょう》としての好《す》きという気《き》持《も》ちが芽生《めば》えるのは、とても自然《しぜん》なことです。このとき、相《あい》手《て》が違《ちが》う性別《せいべつ》でなければいけないということはありません。また、好《す》きな人《ひと》がいないということだってあります。好《す》きな人《ひと》がいないから遅《おく》れている、変《へん》だということはありません。みんなが、思春期《ししゅんき》のころに恋愛《れんあい》をするわけではないのです。

たとえば、好《す》きな相《あい》手《て》ができたとします。相《あい》手《て》のどんなところが好《す》きなのでしょ

好《す》きという気持《きも》ちは大切《たいせつ》に

- 特定《とくてい》の人《ひと》と仲《なか》よくなりたいと思《おも》うのは自然《しぜん》なこと
- 好《す》きだけど付《つ》き合《あ》うまで考《かんが》えていないなら告白《こくはく》はしなくてもOK

- 告白《こくはく》をするときはちゃんと好《す》きな気持《きも》ちを伝《つた》えること

うか？　好《す》きになる感覚《かんかく》は、一人《ひとり》ひとり違《ちが》うものです。好《す》きかもと気《き》づいてからどんどん好《す》きになるということもあります。また、友《とも》達《だち》から「あの子《こ》が、好《す》きっていってたよ」といわれて、急《きゅう》に意識《いしき》をしだして好《す》きになったりすることも。**好《す》きという気持《きも》ちは大切《たいせつ》にしましょう**。

お互《たが》いに好《す》きだということがわかると、2人《り》の時間《じかん》を過《す》ごすようになるかもしれません。場合《ばあい》によっては「お付《つ》き合《あ》い」がはじまることもあるでしょう。

　いろいろな付《つ》き合《あ》い方《かた》があるかと思《おも》いますが、「相手《あいて》のことを、大切《たいせつ》に思《おも》うこと」が基本《きほん》ではないでしょうか。どうしたら相手《あいて》が喜《よろこ》ぶかな、こんなことされたらイヤだろうからやめようとか、相手《あいて》について考《かんが》えて行動《こうどう》をしましょう。**「相手《あいて》を大切《たいせつ》に思《おも》う」だけでは伝《つた》わりにくいので、きちんと言葉《ことば》にして伝《つた》えるコミュニケーションが必要《ひつよう》になってきます**。告白《こくはく》をするときは、ちゃんと好《す》きということを伝《つた》えること。

　ただし、好《す》きだけど付《つ》き合《あ》うことまで考《かんが》えていないならば、告白《こくはく》という形《かたち》はとらなくてもよいかもしれません。

　もし告白《こくはく》をされたけど、好《す》きではなかったときなどは、お断《ことわ》りをしなければなりません。告白《こくはく》をするというのは、とても勇気《ゆうき》のいることです。その気持《きも》ちにきちんと対《たい》応《おう》しないといけません。「気持《きも》ちはうれしいけど、友達《ともだち》のままでいてほしい」「（あなたがダメなのではなく）他《ほか》に打《う》ち込《こ》みたいことがある」などやさしさをもって断《ことわ》るようにします。また、あいまいな返事《へんじ》をして相手《あいて》にかんちがいさせることのないようにもしましょう。

恋愛《れんあい》をする上《うえ》で、残念《ざんねん》ながら相手《あいて》に思《おも》いが通《つう》じないこともあります。相手《あいて》が自分《じぶん》と同《おな》じ気持《きも》ちではなかった場合《ばあい》、いわゆる「失恋《しつれん》」ですね。自分《じぶん》の気持《きも》ちだけ押《お》し通《とお》してもうまくいきませんが、だからといってフラれたから自分《じぶん》はダメなんだと思《おも》わなくて大丈夫《だいじょうぶ》。相手《あいて》が同《おな》じ気持《きも》ちでなかったというだけです。**失恋《しつれん》したときは、悲《かな》しいけれど恋愛《れんあい》以外《いがい》のことを考《かんが》えたりして、気持《きも》ちを切《き》り替《か》えましょう。**案外《あんがい》、自分自身《じぶんじしん》を見《み》つめ直《なお》すきっかけにもなるかもしれません。

ONE《わん》 POINT

⇩好《す》きという気持《きも》ちは、大切《たいせつ》に

⇩好《す》きな相手《あいて》のことを大切《たいせつ》に思《おも》うこと

⇩失恋《しつれん》したら、自分《じぶん》を見《み》つめ直《なお》してみる

⇩好《す》きな相手《あいて》に思《おも》いが通《つう》じなくても、あなたは魅力《みりょく》のない人間《にんげん》ではない

LGBTってなんだろう？

テレビやインターネットなどで、「多様《たよう》な性《せい》」「LGBT《エルジービーティー》」という言葉《ことば》を耳《みみ》にしたことはあるでしょう。「人《ひと》は、男《おとこ》か女《おんな》かという単純《たんじゅん》な区別《くべつ》はできない」ということはなんとなくわかっても、具体的《ぐたいてき》にイメージできない人《ひと》は多《おお》いかもしれません。

「性《せい》」には、「セックス（Sex）」「ジェンダー（Gender）」という2つの面《めん》があります。セックスとは「体《からだ》の性《せい》」のこと。性器《せいき》や性腺《せいせん》（精巣《せいそう》・卵巣《らんそう》）は男女《だんじょ》に大《おお》きな違《ちが》いがあり、お医者《いしゃ》さんは生《う》まれたときの赤《あか》ちゃんの性器《せいき》（外性器《がいせいき》）を見《み》て性別《せいべつ》を判断《はんだん》します。

一方《いっぽう》、**ジェンダーとは「社会的《しゃかいてき》・文化的《ぶんかてき》につくられる性《せい》」のこと。**どんな性別《せいべつ》を好《す》きになるか、自分《じぶん》の性《せい》をどう考《かんが》えているかなど、体《からだ》のつくり以外《いがい》の性《せい》についての考《かんが》えは「ジェンダー」に含《ふく》まれます。

一人《ひとり》ひとりの顔《かお》や性格《せいかく》が違《ちが》うように、「性《せい》」のあり方《かた》や考《かんが》え方《かた》も人《ひと》それぞれ。そのこ

LGBTQ＋って？

すべての人《ひと》たちが一人《ひとり》ひとり「性《せい》」は違《ちが》います。それがその人《ひと》の個性《こせい》です。

L
レズビアン

女性《じょせい》のことを
愛《あい》する女性《じょせい》

G
ゲイ

男性《だんせい》のことを
愛《あい》する男性《だんせい》

B
バイセクシャル

男女《だんじょ》のどちらにも
恋愛感情《れんあいかんじょう》がある人《ひと》

性《せい》は
グラデーション

T
トランスジェンダー

体《からだ》と心《こころ》の性《せい》が
一致《いっち》しない人《ひと》

Q
クエスチョニング

自分自身《じぶんじしん》の性《せい》が
わからない／悩《なや》んでいる人《ひと》

＋
プラス

自分自身《じぶんじしん》の性《せい》を男女《だんじょ》の
いずれにも限定《げんてい》しない人《ひと》
（そのほか、さまざまな性《せい》の多様性《たようせい》）

とを「性《せい》の多様化《たようか》」といいます。

「LGBT」とは、「性的《せいてき》マイノリティ」を表《あらわ》す言葉《ことば》のひとつです。マイノリティとは「少数派《しょうすうは》」のこと。異性《いせい》を好《す》きになるケースが多数派《たすうは》なのに対《たい》して使《つか》われる言葉《ことば》で、LGBTは次《つぎ》のそれぞれの頭文字《かしらもじ》をつなげたものです。

○L（レズビアン）：女性《じょせい》が女性《じょせい》に対《たい》し、好《す》きという感情《かんじょう》や性的《せいてき》な欲求《よっきゅう》を感《かん》じること。

○G（ゲイ）：男性《だんせい》が男性《だんせい》に対《たい》し、好《す》きという感情《かんじょう》や性的《せいてき》な欲求《よっきゅう》を感《かん》じること。

○B（バイセクシャル）：両性《りょうせい》に対《たい》し、好《す》きという感情《かんじょう》や欲求《よっきゅう》を感《かん》じること。

○T（トランスジェンダー）：生《う》まれたときの性《せい》とは違《ちが》う性《せい》で生《い》きたいと感《かん》じること。

このほかにも、自分《じぶん》の性《せい》がわからない人《ひと》（Q：クエスチョニング）、自分《じぶん》は男女《だんじょ》どちらでもない、またはどちらでもあると感《かん》じている人《ひと》なども含《ふく》めて**「LGBTQ+《エルジービーティーキュープラス》」と表《あらわ》されることもあります。**

「多様《たよう》な性《せい》」「LGBT」という言葉《ことば》は有名《ゆうめい》になりましたが、まだまだ世《よ》の中《なか》にはこうした人《ひと》たちへの差別《さべつ》や偏見《へんけん》も残《のこ》っています。

「あの人《ひと》はレズだ」「ゲイだ」ということをうわさしたりからかったりすることで、本人《ほんにん》が深《ふか》く傷《きず》つくだけでなく、これまで通《どお》りの生活《せいかつ》が送《おく》りにくくなってしまうこともあります。発言《はつげん》には気《き》をつけて、お互《たが》いの「自分《じぶん》らしさ」を大切《たいせつ》にしたいですね。

ONE《わん》 POINT

⇩性器《せいき》や性腺《せいせん》で区別《くべつ》する「体《からだ》の性《せい》」と、「社会的《しゃかいてき》・文化的《ぶんかてき》につくられる性《せい》」の2つがある

⇩LGBTなどへの差別《さべつ》や偏見《へんけん》もあるので、むやみに言《い》いふらしたりからかったりしてはいけない

男《おとこ》らしさ、女《おんな》らしさって必要《ひつよう》？

前《まえ》の項目《こうもく》では、LGBTQ《エルジービーティーキュー》などの「性《せい》とは、男女《だんじょ》の体《からだ》のつくりの違《ちが》いだけでは考《かんが》えられない」というお話《はなし》をしました。ここでは、「多様《たよう》な性《せい》」について、もう少《すこ》し考《かんが》えていきましょう。

人《ひと》はそれぞれ、性《せい》について少《すこ》しずつ違《ちが》った考《かんが》え方《かた》や感《かん》じ方《かた》をもっています。

○好《す》きになる人《ひと》の性《せい》（性的指向《せいてきしこう》：Sexual Orientation）

男《おとこ》の人《ひと》が好《す》きか、女《おんな》の人《ひと》が好《す》きか。性別《せいべつ》に関係《かんけい》なく好《す》きになるか。「好《す》き」という感情《かんじょう》を、ほかの人《ひと》に対《たい》してもたない人《ひと》もいます。

○心《こころ》の性《せい》（性自認《せいじにん》：Gender Identity）

自分《じぶん》を男《おとこ》だと思《おも》っているか、女《おんな》だと思《おも》っているか。どちらにも感《かん》じるか、どちらにも感《かん》じないか。ほかの人《ひと》から呼《よ》んでほしい性《せい》。

SOGIE

Sexual Orientation
性的指向《せいてきしこう》

- どんな人《ひと》を好《す》きになるか、ならないか
- 好《す》きという感情《かんじょう》をもたないこともある

Gender Identity
性自認《せいじにん》

- 自分《じぶん》は女性《じょせい》/男性《だんせい》だと感《かん》じている
- どちらでもある
- どちらにもあてはまらない
- どちらにも決《き》められない

Gender Expression
性表現《せいひょうげん》

- どんな服《ふく》を着《き》るか
- どんなスタイルにするか
- 女性《じょせい》/男性《だんせい》らしく見《み》せたいか

- **表現《ひょうげん》する性《せい》（性表現《せいひょうげん》：Gender Expression）**
服装《ふくそう》・しぐさ・言葉《ことば》づかい・髪《かみ》がたなどで自分《じぶん》をどう見《み》せたいか。男《おとこ》らしく見《み》せたいか、女《おんな》らしく見《み》せたいか、どちらでもないか。

一人《ひとり》ひとりによって性《せい》の考《かんが》え方《かた》や感《かん》じ方《かた》が違《ちが》うことを、それぞれの英語《えいご》の頭文字《かしらもじ》をとって「SOGIE《ソジー》」といいます。

SOGIEのそれぞれの項目《こうもく》については、「絶対《ぜったい》こう!」とすぐにいえるものもあれば、「どちらかといえばこうかな」とはっきり答《こた》えられないものもあるでしょう。今日《きょう》と明日《あす》とでは、感《かん》じ方《かた》が変《か》わることもあるかもしれません。本当《ほんとう》に人《ひと》によってさまざまで、まったく同《おな》じということはないので、「自分《じぶん》の性《せい》は〇〇タイプ」のようにはっきりとは決《き》められないのです。

「男《おとこ》の子《こ》なのにスカートがはきたいなんて、ヘンだよ」

「女《おんな》の子《こ》だからピンクが好《す》きでしょ」

「男《おとこ》のくせにすぐ泣《な》くなよ」

「男《おとこ》みたいな女《おんな》だな」

こんなふうに「男《おとこ》だから、女《おんな》だから」「女《おんな》のくせに、男《おとこ》のくせに」という言葉《ことば》を聞《き》いたり、誰《だれ》かにいったりしたことはありませんか?

もしかしたら、気《き》づかないうちに「男《おとこ》（女《おんな》）はこういうもの」と決《き》めつけていたことも、あるかもしれません。

よくあるのが、小学生《しょうがくせい》のランドセルの色《いろ》。以前《いぜん》に比《くら》べて、色《いろ》のバリエーションも増《ふ》えて、カラフルなランドセルが増《ふ》えました。子《こ》どもの意見《いけん》を聞《き》いて尊重《そんちょう》したいと思《おも》いつつも、男《おとこ》の子《こ》が赤《あか》やピンク、紫《むらさき》などを選《えら》ぶと、親《おや》としてはいじめられたりしないかと心配《しんぱい》になってしまい、つい黒《くろ》とか青《あお》にしようよといいたくなることもあるかもしれません。本当《ほんとう》は自分《じぶん》が好《す》きだと思《おも》う色《いろ》を、本人《ほんにん》の基準《きじゅん》で好《す》きに選《えら》ばせてあげたいところですよね。

また、もしかしたら、「自分《じぶん》の体《からだ》は男《おとこ》（女《おんな》）だけど、心《こころ》と合《あ》っていない気《き》がする」と、もやもやした気持《きも》ちを抱《かか》えている人《ひと》もいるかもしれません。

人《ひと》によって顔《かお》や性格《せいかく》が違《ちが》うように、**人《ひと》によって性《せい》も違《ちが》うもの**。「男《おとこ》（女《おんな》）はこうでないといけない」ということは、本当《ほんとう》は何《なに》ひとつないのです。自分《じぶん》が「好《す》き」と感《かん》じたものを選《えら》んで、「やりたい」と思《おも》ったことをすることで、**「あなたらしさ」はさらに光《ひか》るはずです。**

ONE《わん》 POINT

⇩「好《す》きになる人《ひと》の性《せい》」「心《こころ》の性《せい》」「表現《ひょうげん》する性《せい》」が一人《ひとり》ひとり違《ちが》う
⇩SOGIEと体《からだ》の性《せい》なども合《あ》わせて、あなただけの「性《せい》」ができあがる
⇩「男《おとこ》だから」「女《おんな》だから」ではなく、
自分《じぶん》が本当《ほんとう》に好《す》きなものや、やりたいことを選《えら》ぼう

もしも性《せい》の違《ちが》いを感《かん》じていたら……

小学校高学年《しょうがっこうこうがくねん》くらい、**中学生《ちゅうがくせい》になってくると、男女《だんじょ》の性《せい》の違《ちが》いをはっきりと感《かん》じることが増《ふ》えてきます。**小学生《しょうがくせい》のころとは違《ちが》い、中学生《ちゅうがくせい》になると男女《だんじょ》それぞれの制服《せいふく》を着《き》るようになる人《ひと》も多《おお》いでしょう。

最近《さいきん》では、制服《せいふく》でもスラックスを選《えら》べるところも増《ふ》えてきましたが、男《おとこ》の子《こ》が制服《せいふく》でスカートを選《えら》ぶケースは、まだまだ少《すく》ないのが現実《げんじつ》です。また、ちょうど思春期《ししゅんき》に入《はい》り二次性徴《にじせいちょう》がすすみ、体《からだ》の変化《へんか》もはじまっていきます。そのことで、自分《じぶん》の性《せい》に違《い》和感《わかん》をもつきっかけになることもあるようです。

男《おとこ》の子《こ》だけど男子《だんし》トイレに入《はい》れなくて、学校《がっこう》ではトイレをガマンしてしまう、女《おんな》の子《こ》で膨《ふく》らんでくる胸《むね》がイヤでインナーなどできつく巻《ま》いて隠《かく》している、水着《みずぎ》を着《き》たくないからプールには入《はい》りたくない……などという話《はなし》もあります。

子《こ》ども心《ごころ》としては自分《じぶん》の性《せい》に違和感《いわかん》があったとしても、家族《かぞく》には心配《しんぱい》をかけたくな

い、怒《おこ》られるかもと気《き》にして、絶対《ぜったい》にいいたくないと秘密《ひみつ》にすることが多《おお》いようです。上手《じょうず》に隠《かく》されてしまうと、気《き》がつかないものだったりもします。

もし、子《こ》どもの様子《ようす》で何《なに》か気《き》になった点《てん》があったら、「テレビでも見《み》かけるけど、いろいろな性《せい》の人《ひと》がいるんだよね」と**肯定的《こうていてき》な表現《ひょうげん》を日頃《ひごろ》からするようにしましょう**。

そこで「あなたは、どうなの？」とは、決《けっ》して聞《き》かないこと。聞《き》かれた子《こ》どもが、素直《すなお》に答《こた》えられる可能性《かのうせい》は高《たか》くないでしょう。「いろいろな人《ひと》がいるから、責《せ》めたりしなくていいのにね」などと「多様《たよう》な性《せい》を認《みと》めているよ」「あなたはあなたのままでいい」と伝《つた》えるようにしましょう。日頃《ひごろ》からそのような意見《いけん》を伝《つた》えておくと、話《はな》してみようと子《こ》どもが思《おも》ってくれるかもしれません。

たとえば、男《おとこ》の子《こ》でメイクに興味《きょうみ》をもっているとわかったとき、ヒーローよりプリンセスにあこがれているとわかったとき、トランスジェンダーなのか、ただ興味《きょうみ》があるだけなのかは、そのときだけではわかりません。少《すこ》し様子《ようす》を見《み》るようにします。

もし、子《こ》どもから性《せい》に対《たい》する違和感《いわかん》について打《う》ち明《あ》けられたら、驚《おどろ》いたとしても、**まずは「話《はな》してくれてありがとう」という気持《きも》ちを伝《つた》えます。**「あなたは、あなたらしく生《い》きることが大切《たいせつ》。どんなときも味方《みかた》だよ」という気持《きも》ちで応《こた》えましょう。**まずは、親《おや》が子《こ》どもを認《みと》めること。認《みと》めることで、子《こ》どもは安心感《あんしんかん》を得《え》ることができます。**

世界中《せかいじゅう》が
ヘンだと
いっても、
味方《みかた》でいるよ
と伝《つた》えるブル

column
Q&A

Q

女《おんな》の人《ひと》の体《からだ》に興味《きょうみ》があるみたい

A

他人《たにん》、とくに異性《いせい》の体《からだ》について興味《きょうみ》をもつこと自体《じたい》は自然《しぜん》なことです。お母《かあ》さんとお風呂《ふろ》にいっしょに入《はい》っている場合《ばあい》は、裸《はだか》をじろじろと見《み》たりするかもしれません。

興味《きょうみ》をもってのことではありますが、見《み》られる側《がわ》としてイヤな気持《きも》ちになったら、

プライベートゾーンは見《み》られたら、はずかしい人《ひと》もいるよ

と個人《こじん》としての気持《きも》ちを伝《つた》えてもよいでしょう。

じろじろ見《み》ると相手《あいて》がはずかしい、イヤだと思《おも》う可能性《かのうせい》があることを伝《つた》えないと、学校《がっこう》などで女《おんな》の子《こ》のスカートのなかを見《み》ようとしたり、着替《きが》えをのぞこうとしたりなどしはじめるかもしれません。

幼児《ようじ》が先生《せんせい》のおっぱいやおしりを触《さわ》ったりしてしまうこともあるかもしれません。幼児《ようじ》の場合《ばあい》、先生《せんせい》のことを信頼《しんらい》して甘《あま》えているということもあります。ただ、性《せい》に興味《きょうみ》が出《で》てきてあえて触《さわ》っている場合《ばあい》もあるので、そのときには、

先生《せんせい》のプライベートゾーンなんだから、触《さわ》ったらダメだよ

先生《せんせい》もびっくりしちゃうから、触《さわ》ったらダメだよ

などと伝《つた》えましょう。小学生《しょうがくせい》になっても、わざと先生《せんせい》に抱《だ》きついたり、触《さわ》ったり、ひざの上《うえ》に座《すわ》ったりなどをしないように、日《ひ》ごろから伝《つた》えていきましょう。

column Q&A

Q

幼馴染《おさななじみ》の女《おんな》の子《こ》との距離感《きょりかん》が近《ちか》すぎる。気《き》にしすぎ？

A

いくらなかよしとはいえ、保育園《ほいくえん》や幼稚園《ようちえん》を卒園《そつえん》してしまうと気《き》になるところです。相手《あいて》の女《おんな》の子《こ》がイヤがっていなくても、境界線《きょうかいせん》（62ページ）について、子《こ》どもに話《はな》してみてもよいでしょう。

〇〇ちゃんとなかよしなことはいいんだけど、人《ひと》には境界線《きょうかいせん》があってね。近《ちか》すぎると本当《ほんとう》はイヤだったりするかもしれないよ

人《ひと》のまわりの境界線《きょうかいせん》って、いつも同《おな》じじゃないんだよ。いいよっていうときと、ダメっていうときがあるんだよ

などと、話《はな》してみるのはいかがでしょうか。幼馴染《おさななじみ》との距離感《きょりかん》で、他《ほか》の子《こ》とも近《ちか》い距離感《きょりかん》で接《せっ》してしまい、トラブルになる可能性《かのうせい》もあります。境界線《きょうかいせん》の話《はなし》をすることで、自分《じぶん》が尊重《そんちょう》されるのと同《おな》じくらい他《ほか》の人《ひと》も尊重《そんちょう》されること、人《ひと》それぞれに距離感《きょりかん》が違《ちが》うことを伝《つた》えてみましょう。

ほほえましいレベルならいいですが、抱《だ》きついたり、キスをしたり、触《さわ》り合《あ》いっこをしたりなど親《おや》としてびっくりする状況《じょうきょう》になってしまうかもしれません。

合《あ》わせてプライベートゾーン（66ページ）についても話《はな》してもよいでしょう。相手《あいて》の許可《きょか》が必要《ひつよう》なこと、イヤがっていたらしてはいけないことなどを伝《つた》えてみましょう。

column Q&A

Q

赤《あか》ちゃんはどこからくるの？ と聞《き》かれたら……

A

子《こ》どもから聞《き》かれる質問《しつもん》で多《おお》いものです。まずはどうして知《し》りたいと思《おも》ったの？ と聞《き》いてみましょう。

その上《うえ》で「どこから」と聞《き》かれたら、「こうのとりが……」「お空《そら》から……」という話《はなし》ではなく、82ページでも紹介《しょうかい》した通《とお》り、科学的《かがくてき》に伝《つた》えるようにしましょう。たとえば、

お母《かあ》さんのおしっこの出《で》るところと、うんちの出《で》るところの間《あいだ》にある膣《ちつ》という穴《あな》を通《とお》ってでてきたよ

でよいでしょう。どうやって生《う》まれてきたのか、絵本《えほん》を読《よ》んだり、写真《しゃしん》を見《み》せながら話《はな》してもよいでしょう。帝王切開《ていおうせっかい》の場合《ばあい》は、

お医者《いしゃ》さんとお話《はな》しして、安全《あんぜん》に生《う》むために、お母《かあ》さんのおなかを切《き》ってでてきたよ

でよいでしょう。もしタイミング的《てき》に、弟《おとうと》や妹《いもうと》をお母《かあ》さんが妊娠中《にんしんちゅう》だったりしたら、おなかを触《さわ》ってもらったりしてもよいですね。

出産時《しゅっさんじ》の動画《どうが》や写真《しゃしん》があれば、一緒《いっしょ》に見返《みかえ》してみてもよいでしょう。「こうやって生《う》まれてきて、こんなに小《ちい》さかったのに、とっても大《おお》きくなったね」などと話《はな》しながら見《み》てみましょう。

Q

夫《おっと》にもっと性教育《せいきょういく》に、協力《きょうりょく》してほしい

A

基本的《きほんてき》には、できる人《ひと》ができることをするとして、母《はは》からの性教育《せいきょういく》でも問題《もんだい》はありません。ただ、性《せい》に関《かん》することを異性《いせい》であるお母《かあ》さんから話《はな》されると、年齢《ねんれい》やそのときの状況《じょうきょう》によっては素直《すなお》に受《う》け取《と》りづらい子《こ》もいます。ましてや日常会話《にちじょうかいわ》もままならない思春期《ししゅんき》になったらなおさらです。

そんなときは、同性《どうせい》である夫《おっと》（お父《とう》さん）から伝《つた》えてほしいものですが、もしかしたら「自分《じぶん》の時代《じだい》は特《とく》に性教育《せいきょういく》を受《う》けずに、友達《ともだち》や本《ほん》などから自然《しぜん》と知《し》った」という世代《せだい》かもしれません。

お父《とう》さんにも性教育《せいきょういく》に積極的《せっきょくてき》に取《と》り組《く》んでもらうために、

今《いま》、子《こ》どもにこの本《ほん》読《よ》んでいるんだけど（性教育《せいきょういく》の絵本《えほん》を見《み》せながら）

この前《まえ》、保育園《ほいくえん》でプライベートゾーンを習《なら》ってきたみたいでね。知《し》ってる？ プライベートゾーンのこと

子《こ》どもに伝《つた》えるように、お父《とう》さんにも伝《つた》えてみましょう。また、同性《どうせい》だからこそ話《はな》せることもあるからお願《ねが》いしたい、とそれとなく伝《つた》えてみるのもいいですね。

親《おや》の世代《せだい》と今《いま》の子《こ》どもの世代《せだい》を取《と》りまくネット環境《かんきょう》の違《ちが》いにより、子《こ》どもにネットからゆがんだ性情報《せいじょうほう》が入《はい》りやすくなっていることを危機感《ききかん》として伝《つた》えるとわかりやすいかもしれません。

理想《りそう》は夫婦《ふうふ》で話《はな》し合《あ》い、子《こ》どもの様子《ようす》を共有《きょうゆう》できるのがよいですね。

第《だい》5章《しょう》

性《せい》の知識《ちしき》で自分《じぶん》を守《まも》る、相手《あいて》も守《まも》る

自立《じりつ》し始《はじ》める
ときこそ性教育《せいきょういく》の
知識《ちしき》を活《い》かす

性《せい》の知識《ちしき》を身《み》につけて自分《じぶん》を守《まも》れるように!

とある日《ひ》コータ家《け》で
この間《あいだ》ソータの学校《がっこう》で女《おんな》の子《こ》にいきなりハグした男《おとこ》の子《こ》がいたらしいんだけどうちの子《こ》が加害者《かがいしゃ》になった場合《ばあい》どうしようって思《おも》って…
それはね…
うちも考《かん》えたことあるわよ
コータの母《はは》
ソータの母《はは》の姉《あね》
ソータがまさか加害側《かがいがわ》なんて…とは思《おも》うけど何《なに》が起《お》こるかはわかんないいし
男《おとこ》の子《こ》が被害《ひがい》にあったケースも聞《き》くね
そうよね
どちらさま?
外出先《がいしゅつさき》の男性用《だんせいよう》トイレにひとりで入《はい》る男児《だんじ》が狙《ねら》われることもあります
銭湯《せんとう》やプールの更衣室《こういしつ》とか
一緒《いっしょ》に女性用《じょせいよう》に入《はい》れる年齢《ねんれい》が制限《せいげん》されている場所《ばしょ》も心配《しんぱい》だよね
男性更衣室
ルール
年齢

スマホで犯罪《はんざい》やトラブルに巻《ま》き込《こ》まれるのもかなり心配《しんぱい》…
小学生《しょうがくせい》が巻《ま》き込《こ》まれやすいトラブル
◦SNSへ裸《はだか》の写真《しゃしん》をアップしてしまった
◦相手《あいて》に送《おく》った裸《はだか》や露出《ろしゅつ》の多《おお》い写真《しゃしん》を勝手《かって》に拡散《かくさん》された
◦悪質《あくしつ》なアダルトサイトをクリックしてしまった
◦個人情報《こじんじょうほう》を入《い》れてしまい、違法《いほう》な契約金《けいやくきん》を請求《せいきゅう》された
いろんな手口が…
うんうん
メモメモ
たしかに…
これから親《おや》の目《め》が届《とど》かないことがますます増《ふ》えていく…
Waa〜
Panic!
親《おや》の目《め》が届《とど》かないというのは子《こ》どもが自立《じりつ》をしはじめているということでもあるんですよ
!
思春期《ししゅんき》のころは親《おや》から自立《じりつ》したいと思《おも》う反面《はんめん》離《はな》れる不安《ふあん》もあるので…
NO!
でもちょっとこわい…
友達《ともだち》と一緒《いっしょ》にいて安心感《あんしんかん》を得《え》たりもします
あるある
ポッ
その友達関係《ともだちかんけい》で自分《じぶん》と同《おな》じ仲間《なかま》を見《み》つけて不安《ふあん》や価値観《かちかん》を共有《きょうゆう》するようになります
なるほど

距離《きょり》かー たしかに… この前《まえ》 はじめて 「うるさいな！」って いわれたの ちょっとショック…
あのソータくんが！
いよいよ 思春期《ししゅんき》かな
ただいま！
徳五郎 また 寝ちゃって
ゼーゼー
そのことは ソータくんも 悩《なや》んでたよ
ぼくのところに 相談《そうだん》にきて 話《はなし》をしたんだ
いいねぇ コータくん 私《わたし》が伝《つた》えた 「相談《そうだん》できる身近《みぢか》な大人《おとな》」に なっているのね
ワン
(着いた？)
はい いろいろ 話《はな》してくれて…
ってか先生《せんせい》？
来てたんですね
こちら サッコ先生《せんせい》
よろしく
ぼくの研修先《けんしゅうさき》の 病院《びょういん》の先生《せんせい》です
最近《さいきん》 ソータくんの 悩《なや》みを聞《き》くので 先生《せんせい》にアドバイスを もらってたんだ
順調《じゅんちょう》な 成長《せいちょう》してますよ ソータくん
そうですか
思春期《ししゅんき》に入《はい》って 親《おや》から自立《じりつ》を しはじめる 時期《じき》にはね
犯罪《はんざい》に巻《ま》き込《こ》まれたり 被害者《ひがいしゃ》や加害者《かがいしゃ》に なってしまったり ということも おこりやすいんです

なので
自分《じぶん》を守《まも》る知識《ちしき》を
子《こ》どもに教《おし》えるのも
大切《たいせつ》なんです
知識
はいっ！
ところで 先生《せんせい》
そろそろ
午後《ごご》の診察時間《しんさつじかん》
じゃないですか？
あら大変
では、また！
何《なに》かあったら
いつでも
相談《そうだん》してね！
ありがとうございます
ピュ
またねー
知識《ちしき》や相談《そうだん》が
自分《じぶん》も他人《たにん》も
守《まも》ってくれる…
私《わたし》も
ソータが安心《あんしん》して
相談《そうだん》できる
親《おや》でありたいな
これから
心《こころ》と体《からだ》に
どんな変化《へんか》が
起《お》こるのか…
ソータ
ペラ…
思春期
Q&A
正《ただ》しい知識《ちしき》を
知《し》っておけば
不安《ふあん》や心配《しんぱい》は
解決《かいけつ》していくかも
まだ ちょっと
ドキドキするけど…
ぼく
どんな大人《おとな》に
なるのかな
こころとからだ
思春期とは

加《か》害《がい》者《しゃ》、被《ひ》害《がい》者《しゃ》、傍《ぼう》観《かん》者《しゃ》にならない

男《おとこ》の子《こ》がいる家庭《かてい》のお父《とう》さん・お母《かあ》さんは、我《わ》が子《こ》が性《せい》被《ひ》害《がい》などの加害者《かがいしゃ》にならないかと心配《しんぱい》に思《おも》っていることもあるかもしれません。しかし、**男《おとこ》の子《こ》でも被害者《ひがいしゃ》にもなりうるし、傍観者《ぼうかんしゃ》にもなり得《う》るのです。**

男性《だんせい》、とくに未成年《みせいねん》の男《おとこ》の子《こ》が被害《ひがい》にあっているケースは、顕在化《けんざいか》していないものも含《ふく》めると少《すく》なくはないようです。女《おんな》の子《こ》の場合《ばあい》、小《ちい》さいころから夜道《よみち》に気《き》をつける、不審《ふしん》な人《ひと》には近《ちか》づかないなどといい聞《き》かせられていることも多《おお》く、本人《ほんにん》も注意《ちゅうい》している傾向《けいこう》にあります。一方《いっぽう》で男《おとこ》の子《こ》は大人《おとな》からそこまで意識《いしき》されていない傾向《けいこう》にあることも、原因《げんいん》のひとつかもしれません。

また、**加害者《かがいしゃ》が男性《だんせい》の場合《ばあい》、同性《どうせい》の男《おとこ》の子《こ》は、狙《ねら》いやすい状況《じょうきょう》が多《おお》いといえます。**性《せい》被害《ひがい》の現場《げんば》となりやすいトイレでも、加害者《かがいしゃ》が男性《だんせい》ならば、男性《だんせい》トイレで待《ま》ち伏《ぶ》せをしても怪《あや》しまれず、ひとりでトイレにきた男《おとこ》の子《こ》を狙《ねら》えるからです。**男《おとこ》の子《こ》にも小《ちい》さ**

被害者《ひがいしゃ》、傍観者《ぼうかんしゃ》になり得《う》ることも

仲間内《なかまうち》のノリから
外《はず》れたくなくて
笑《わら》っていても
とてもイヤな思《おも》いを
抱《かか》えている場合《ばあい》も

いころから、自分《じぶん》を守《まも》るための情報《じょうほう》を伝《つた》えていきましょう。

加害者《かがいしゃ》にならないためには、**性被害《せいひがい》につながりそうな場面《ばめん》になったときに、周《まわ》りの大人《おとな》がどう対応《たいおう》するかが大切《たいせつ》です。**たとえば、相《あい》手《て》の許可《きょか》なしに体《からだ》に触《ふ》れていたときは、「あなたの体《からだ》はあなたのもの」もしあなたがそうされたらどう思《おも》う？　相手《あいて》に触《さわ》ってよいか聞《き》いたのかな？　などと確認《かくにん》します。

境界線《きょうかいせん》やプライベートゾーンの話《はなし》などをくり返《かえ》しして、理解《りかい》してもらうことが大切《たいせつ》です。子《こ》ども本人《ほんにん》が理解《りかい》をしないと、なぜ怒《おこ》られているのかわからないということもあります。

加害者《かがいしゃ》、被害者《ひがいしゃ》よりも多《おお》いのが、じつは傍《ぼう》

観者《かんしゃ》です。男《おとこ》の子《こ》特有《とくゆう》のノリで、たとえばズボンおろしなどをされている子《こ》を見《み》て、注《ちゅう》意《い》せずに見《み》て見《み》ぬふりをするなど傍観者《ぼうかんしゃ》となることが多《おお》いのです。

本当《ほんとう》なら、「それは、間違《まちが》っているよ」といえるとよいのですが、男《おとこ》の子《こ》のノリとしては、正論《せいろん》をいって場《ば》がしらけてしまったり、仲間外《なかまはず》れになることを恐《おそ》れていえないということもあります。また、そのノリについていけない自分《じぶん》がヘンなのか？ 悪《わる》いのかな？ と思《おも》ってしまうこともあります。

そんな**傍観者《ぼうかんしゃ》にならないための考《かんが》え方《かた》に「アクティブバイスタンダー」というものがあります。積極的《せっきょくてき》に被害《ひがい》を止《と》める第三者《だいさんしゃ》**という意味《いみ》です。傍観者《ぼうかんしゃ》となりうる第三者《だいさんしゃ》が、どう行動《こうどう》するかで、被害《ひがい》を止《と》めることができる場合《ばあい》もあるのです。

アクティブバイスタンダーができることとして5つの行動《こうどう》が知《し》られています。「注意《ちゅうい》をそらす（Distract）」「第三者《だいさんしゃ》に助《たす》けを求《もと》める（Delegate）」「証拠《しょうこ》を残《のこ》す（Document）」「あとでフォローする（Delay）」「直接介入《ちょくせつかいにゅう》する（Direct）」の5つです。

性犯罪《せいはんざい》が起《お》きたときに、傍観者《ぼうかんしゃ》としてただ見《み》ているだけではなく、まずは自分《じぶん》の身《み》の安全《あんぜん》を守《まも》りつつ、これらの行動《こうどう》をすることで、人《ひと》を助《たす》けることができるかもしれません。

アクティブバイスタンダーの5つの行動《こうどう》

Distract

注意《ちゅうい》をそらす

被害者《ひがいしゃ》や加害者《かがいしゃ》に
あえて話《はな》しかけたりして、
注意《ちゅうい》をそらすこと

Delay

あとでフォローをする

事後《じご》に、被害者《ひがいしゃ》に声《こえ》をかけて、
サポートの必要《ひつよう》などを聞《き》く

Delegate

第三者《だいさんしゃ》に助《たす》けを求《もと》める

関係《かんけい》のない別《べつ》の人《ひと》に
助《たす》けを求《もと》める

5つのD

Document

証拠《しょうこ》を残《のこ》す

動画《どうが》、写真《しゃしん》などを撮影《さつえい》したり、
メモを残《のこ》したりする

Direct

直接介入《ちょくせつかいにゅう》する

身《み》の安全《あんぜん》を守《まも》りつつ
加害者《かがいしゃ》に注意《ちゅうい》をする

第三者《だいさんしゃ》がこのような言動《げんどう》をとることによって、**被害者《ひがいしゃ》を助《たす》けたり、加害者《かがいしゃ》がさらに犯罪《はんざい》を重《かさ》ねたりするのを防《ふせ》ぐことができる可能性《かのうせい》もあります。**

「あなたもその場《ば》にいて、同級生《どうきゅうせい》の男《おとこ》の子《こ》が、みんながまわりにいるところで、ふざけて別《べつ》の男《おとこ》の子《こ》にパンツを脱《ぬ》がされて、ペニスをみんなに見《み》られてしまったとする。笑《わら》っている子《こ》もいたりするけど、あなたはどうする？」と具体的《ぐたいてき》な例《れい》をだして、家族《かぞく》で5つのDについて話《はな》し合《あ》ってみてもよいでしょう。

とくに**男《おとこ》の子《こ》の場合《ばあい》、笑《わら》いと性被害《せいひがい》を結《むす》びつけてしまうと、男子《だんし》のノリというものができてしまいます。**笑《わら》わずに「それ、おもしろくないよ」といったり、笑《わら》わずに楽《たの》しくないそぶりを見《み》せたりしてみるのもよいですね。

「お前《まえ》、ノリが悪《わる》いな」といわれたとしても、そのような場面《ばめん》で笑《わら》ってしまうと、被《ひ》害《がい》を肯定《こうてい》することになってしまい、加害者《かがいしゃ》が「みんなにウケた。笑《わら》えることだから、またやろう」と思《おも》ってしまうかもしれません。案外《あんがい》、他《ほか》の男《おとこ》の子《こ》たちも本当《ほんとう》はおもしろいと思《おも》っていなくて、合《あ》わせて笑《わら》っているだけかも。

この**アクティブバイスタンダーの5つのDの行動《こうどう》を実際《じっさい》に行《おこな》うことはとても勇気《ゆうき》の**

いることです。また正義感《せいぎかん》が強《つよ》く、積極的《せっきょくてき》に行動《こうどう》をしてしまうことで、加害者《かがいしゃ》に逆恨《さかうら》みされるなど、自分《じぶん》が危《あぶ》ない目《め》にあってしまうこともあるかもしれません。
自分《じぶん》の身《み》の安全《あんぜん》を守《まも》りつつ、傍観者《ぼうかんしゃ》にならないためにできることはなにか、状況《じょうきょう》に応《おう》じて考《かんが》えられる練習《れんしゅう》ができるとよいでしょう。

ONE《わん》 POINT

- 傍観者《ぼうかんしゃ》にならないために行動《こうどう》するときでも、まずは自分《じぶん》の身《み》の安全《あんぜん》を守《まも》ろう
- 加害者《かがいしゃ》、被害者《ひがいしゃ》、傍観者《ぼうかんしゃ》にもなる可能性《かのうせい》は誰《だれ》にでもある
- 〔アクティブバイスタンダーの5つの行動《こうどう》〕を覚《おぼ》えておこう

スマホ・ネットと賢《かしこ》く楽《たの》しくつきあう

スマートフォン（スマホ）をもっている子《こ》どもの数《かず》は、年々《ねんねん》増《ふ》えています。※1今《いま》では小学《しょうがく》5年生《ねんせい》の35％、小学《しょうがく》6年生《ねんせい》の52％、中学《ちゅうがく》3年生《ねんせい》になると80％以上《いじょう》の子《こ》どもが、自《じ》分専用《ぶんせんよう》のスマホをもっているという調査結果《ちょうさけっか》もあります。また、学校《がっこう》でタブレットが配《くば》られることも増《ふ》えたため、※2インターネットの利用率《りようりつ》は10歳以上《さいいじょう》の小学生《しょうがくせい》で97・5％、中学生《ちゅうがくせい》では99・0％にもあがります。

小学生《しょうがくせい》にスマホをもたせるのは、防犯《ぼうはん》のために必要《ひつよう》だという考《かんが》え方《かた》もあります。学《がく》年《ねん》があがるにつれて子《こ》どもひとりでの行動範囲《こうどうはんい》が広《ひろ》くなることもあり、ＧＰＳ機能《きのう》を使《つか》ってどこにいるのかなどを把握《はあく》したりするために便利《べんり》なことも。また、迷子《まいご》になってしまった、困《こま》ったことが起《お》きたなど何《なに》かあったときにすぐ連絡《れんらく》がとれるから便利《べんり》だということもあります。

インターネットを使《つか》えば、世界中《せかいじゅう》のおもしろい動画《どうが》を簡単《かんたん》に見《み》ることができたり、い

スマホ・ネットのメリット、デメリット

メリット

- いろいろな情報《じょうほう》を調《しら》べることができる
- 世界中《せかいじゅう》の人《ひと》たちとつながることができる
- 世界《せかい》に発信《はっしん》することができる
- 記録《きろく》を残《のこ》すことができる

デメリット

- 事件《じけん》や問題《もんだい》に巻《ま》き込《こ》まれやすくなる
- 閉鎖的《へいさてき》な空間《くうかん》となり、親《おや》がトラブルに気《き》がつきにくい
- ネットで知《し》り合《あ》った人《ひと》と交流《こうりゅう》して、トラブルにあいやすい

ろいろな情報《じょうほう》を調《しら》べられたり、SNSでさまざまな人《ひと》たちとつながれたりと、便利《べんり》で楽《たの》しいこともたくさんあります。でも、少《すこ》し使《つか》い方《かた》を間違《まちが》えると、事件《じけん》や犯罪《はんざい》に巻《ま》きこまれる危険《きけん》があります。

実際《じっさい》に、**SNSを使《つか》った事《じ》件《けん》で子《こ》どもが被害《ひがい》にあった数《かず》は、この数年間《すうねんかん》で2000件《けん》前後《ぜんご》をいったりきたりしています。**※3 被害《ひがい》にあっている90%近《ちか》くが高校生《こうこうせい》や中学生《ちゅうがくせい》ですが、小学生《しょうがくせい》が被害《ひがい》にあう件《けん》

数《すう》は毎年《まいとし》増《ふ》えています。たとえば令和《れいわ》4年《ねん》は、前《まえ》の年《とし》と比《くら》べて37・3%も増《ふ》えているのです。

小学生《しょうがくせい》のネットの使《つか》い方《かた》で問題《もんだい》になりやすいものを挙《あ》げてみます。

○**LINEの有料《ゆうりょう》スタンプ**（無料《むりょう》スタンプでは満足《まんぞく》できず、一《ひと》つひとつの金額《きんがく》は安《やす》いからこそ、たくさん購入《こうにゅう》し、金額《きんがく》が膨《ふく》れてしまう）

○**アダルトサイトをクリック**（軽《かる》い気持《きも》ちでクリックしたら、高額請求《こうがくせいきゅう》の表示《ひょうじ》をされてしまった）

○**親《おや》のカードを無断利用《むだんりよう》**（親名義《おやめいぎ》でクレジットカードを登録《とうろく》していたサイトで、勝手《かって》に商品購入《しょうひんこうにゅう》してしまう）

○**ソーシャル内《ない》でのいじめ**（LINEの既読《きどく》スルー、終《お》わらないSNSパトロール、パスワードを盗《ぬす》まれる、SNSに悪口《わるぐち》を書《か》き込《こ》まれるなど）

○**ネットゲーム、アプリで知《し》り合《あ》った人《ひと》と実際《じっさい》に会《あ》う**（同《おな》い年《どし》の相手《あいて》だと思《おも》っていたら、年《ねん》齢《れい》を偽《いつわ》っていて性《せい》トラブルにまきこまれてしまう）

スマホのなかで起《お》きていることは、近《ちか》くにいる親《おや》ですら、中身《なかみ》はみえません。その

小学生《しょうがくせい》に多《おお》いネットトラブル例《れい》

- ゲーム課金《かきん》
- LINE の有料《ゆうりょう》スタンプ購入《こうにゅう》
- アダルトサイトをクリックして、高額請求《こうがくせいきゅう》にあう
- 親《おや》のカードを無断利用《むだんりよう》
- ソーシャル内《ない》でのいじめ
- ネットゲーム、アプリで知《し》り合《あ》った人《ひと》と実際《じっさい》に会《あ》う
- 個人《こじん》パスワードの流出《りゅうしゅつ》
- デマを拡散《かくさん》してしまう

ために、発覚《はっかく》するのが遅《おく》れてしまいます。

また、そうとは気《き》づかないうちにネットまわりの法《ほう》をおかしてしまうこともあります。

①中傷《ちゅうしょう》

⇩名誉棄損《めいよきそん》

根拠《こんきょ》のない悪口《わるぐち》やデマをネット上《じょう》に書《か》き込《こ》み、相手《あいて》を傷《きず》つけた。

悩《なや》んだ相手《あいて》はいつも通《どお》りの生活《せいかつ》を送《おく》れなくなるだけでなく、心《こころ》の病《やまい》になってしまうことも。

②人《ひと》のIDやパスワードを不正《ふせい》に取得《しゅとく》

⇩不正《ふせい》アクセス禁止法違反《きんしほういはん》

実際《じっさい》にある会社《かいしゃ》の名前《なまえ》などを勝手《かって》に使《つか》って個人情報《こじんじょうほう》をだまし取《と》る「フィッシングサイト」というサイトで、人《ひと》のIDやパスワードなどを取得《しゅとく》した。

③コンピューターウイルスを取得《しゅとく》した

⇩不正指令電磁的記録取得《ふせいしれいでんじてききろくしゅとく》

パソコンの中《なか》にあるデータ・個人情報《こじんじょうほう》などを壊《こわ》したり、流出《りゅうしゅつ》させたりするコンピューターウイルス。いたずら目的《もくてき》でもこのウイルスをもっていると、犯罪《はんざい》になる。

④出会《であ》い系《けい》サイトに書《か》き込《こ》んだ

⇩出会《であ》い系《けい》サイト規制法違反《きせいほういはん》

子《こ》どもでも、出会《であ》い系《けい》サイトで交際相手《こうさいあいて》を探《さが》すような書《か》き込《こ》みはしてはダメ。

こうしたネットトラブルや犯罪《はんざい》に巻《ま》き込《こ》まれないためにも、**家族《かぞく》で相談《そうだん》して、インターネットの使《つか》い方《かた》のルールを決《き》めておくとよいですね。**さらに、有害《ゆうがい》サイトなどへアクセスできないようにする「フィルタリング」機能《きのう》を使《つか》うことは、最低限《さいていげん》あたりまえです。主《おも》に「携帯電話回線《けいたいでんわかいせん》」「Wi-Fi」「アプリ」のそれぞれから使《つか》えるものがあり、すべて利用《りよう》するとよいでしょう。タブレットやスマホだけでなく、ゲーム機《き》や音楽《おんがく》プレイヤーにもインターネットに接続《せつぞく》できるものがあるので、こちらもフィルタリング設定《せってい》をすることが必要《ひつよう》です。

※1　『モバイル社会白書《しゃかいはくしょ》2023年版《ねんばん》』（株式会社《かぶしきがいしゃ》NTTドコモ モバイル社会研究所《しゃかいけんきゅうしょ》）
※2　『青少年《せいしょうねん》のインターネット利用環境実態調査《りようかんきょうじったいちょうさ》』（2022年度内閣府《ねんどないかくふ》）
※3　警察庁発表《けいさつちょうはっぴょう》の令和《れいわ》4年資料《ねんしりょう》

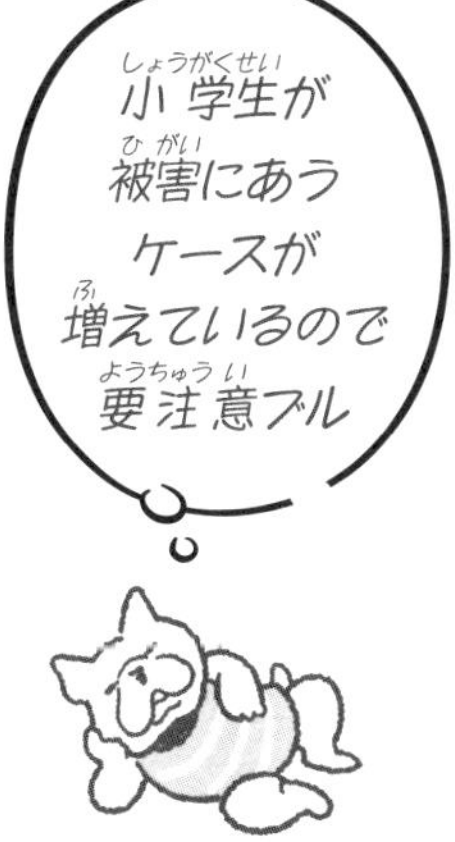
小学生《しょうがくせい》が
被害《ひがい》にあう
ケースが
増《ふ》えているので
要注意《ようちゅうい》ブル

好《す》きな相手《あいて》でも裸《はだか》の写真《しゃしん》は送《おく》らない！

もしかしたら好《す》きな人《ひと》ができて、その人《ひと》と付《つ》き合《あ》うことになったとき、会《あ》えないときも写真《しゃしん》を見《み》ていたいからとお互《たが》いに写真《しゃしん》を送《おく》りあうこともあるかもしれません。その気持《きも》ちはとてもよくわかります。

そんなときに下着姿《したぎすがた》や裸《はだか》の写真《しゃしん》などを送《おく》ってしまっていると、その写真《しゃしん》データは相手《あいて》が消《け》すという判断《はんだん》をしないかぎり、相手《あいて》のもとに残《のこ》ります。たとえ、友達同士《ともだちどうし》でもふざけて裸《はだか》や下着姿《したぎすがた》の写真《しゃしん》を撮《と》ったり、送《おく》ったりしてはいけません。写真《しゃしん》を撮《と》ってほしいと頼《たの》むこともいけません。

写真《しゃしん》に関《かん》する被害《ひがい》の例《れい》を挙《あ》げます。

○**自撮《じど》り被害《ひがい》**⇩SNSで知《し》り合《あ》って親《した》しくなった人《ひと》に「裸《はだか》の写真《しゃしん》を送《おく》って。送《おく》らないと秘密《ひみつ》をばらすよ」「みんなもやっているよ」などといわれ、写真《しゃしん》や動画《どうが》を送《おく》ってしまった。

○**写真《しゃしん》などの拡散《かくさん》**⇩ 付《つ》き合《あ》っていた相手《あいて》と裸《はだか》の写真《しゃしん》の送《おく》り合《あ》いをしていたが、別《わか》れた後《あと》にその写真《しゃしん》をインターネット上《じょう》に拡散《かくさん》されてしまった。

一度《いちど》写真《しゃしん》や動画《どうが》を送《おく》ってしまうと、取《と》り返《かえ》すことはむずかしいものです。さらに、ネット上《じょう》に拡散《かくさん》されたり、「○○しないと拡散《かくさん》するぞ」などとおどされたりして、被害《ひがい》が大《おお》きくなってしまうことも。写真《しゃしん》を送《おく》るとしたら、拡散《かくさん》されても大丈夫《だいじょうぶ》な写真《しゃしん》にしておくことが自分《じぶん》の身《み》を守《まも》ることにもなります。

また、**SNSなどで知《し》り合《あ》った相手《あいて》と実際《じっさい》に会《あ》うことも、とても危険《きけん》です。**安心《あんしん》させるために、「同《おな》じ年《とし》だから」「同性同士《どうせいどうし》だし」などとうそをついて近《ちか》づいてくることも多《おお》いからです。「ちょっとヘンだな」と思《おも》うようなことをいわれたときは、信頼《しんらい》できる大人《おとな》に相談《そうだん》するようにしましょう。

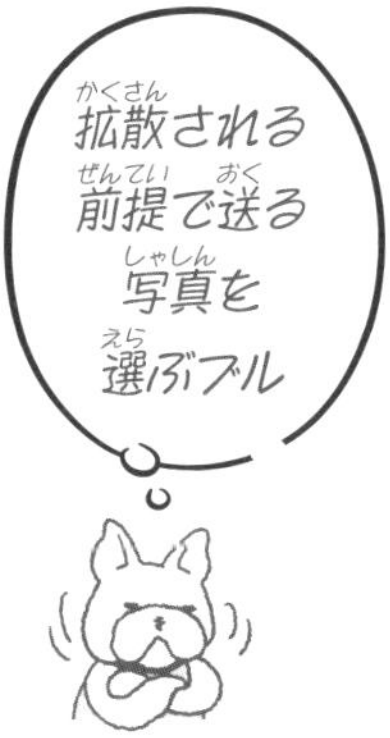
拡散《かくさん》される
前提《ぜんてい》で送《おく》る
写真《しゃしん》を
選《えら》ぶブル

個《こ》人《じん》情《じょう》報《ほう》はむやみに教《おし》えない

SNSのアカウントなど、本名《ほんみょう》で登録《とうろく》していることはないでしょうか。誰《だれ》でも見《み》ることのできるものの場合《ばあい》、本名《ほんみょう》は危険《きけん》。名前《なまえ》から検索《けんさく》をかけられて、住所《じゅうしょ》や学校《がっこう》などが知《し》られてしまいます。

本名《ほんみょう》は出《だ》していなくても、意外《いがい》なところから身元《みもと》がばれることがあります。たとえば、「降《お》りる隣《となり》の駅《えき》で人身事故《じんしんじこ》で電車《でんしゃ》が止《と》まってしまった。困《こま》る……」「いま、虹《にじ》が見《み》えてるよ！（写真《しゃしん》）」「友達《ともだち》と帰《かえ》り道《みち》──！（制服写真《せいふくしゃしん》）」。このような日常《にちじょう》のできごとを、SNSに投稿《とうこう》することはあるかもしれません。

でもじつは、これも検索《けんさく》して自宅《じたく》の最寄《もよ》りはどの駅《えき》なのか、この制服《せいふく》はどの学校《がっこう》なのかがバレてしまうのです。自分《じぶん》のいまの気持《きも》ちや起《お》こったできごとを投稿《とうこう》して楽《たの》しむSNSですが、**個人情報《こじんじょうほう》につながる投稿《とうこう》は控《ひか》えましょう。**

友達《ともだち》や家族《かぞく》の情報《じょうほう》なども同様《どうよう》です。実際《じっさい》に起《お》こってから少《すこ》し時間《じかん》をおいてから投稿《とうこう》

個人情報《こじんじょうほう》って？

happy_○○○
happy_○○○
虹が出てるよー！
10分前
かんた @kan○×△ 10分
電車が人身事故で止まった…まじか…
かんた @kan○×△
全然うごかない…
虹 3時 どこ
人身事故 4時
虹 山 丸いビ
人身事故 どこ

名前《なまえ》、生年月日《せいねんがっぴ》、住《す》んでいるところ、家族《かぞく》の名前《なまえ》などの、個人《こじん》を特定《とくてい》できる情報《じょうほう》のこと。通《かよ》っている学校名《がっこうめい》、使《つか》っている路《ろ》線《せん》、駅《えき》なども含《ふく》まれます。知《し》らない人《ひと》（第三者《だいさんしゃ》）が、調《しら》べたらあなたが誰《だれ》かということがわかってしまう情報《じょうほう》のことです。

したり、誰《だれ》でも見《み》られる状態《じょうたい》にはせず、知《し》り合《あ》い限定公開《げんていこうかい》にするなどの、工夫《くふう》をしましょう。投稿《とうこう》する写真《しゃしん》も顔《かお》や景色《けしき》をぼかしたり、スタンプなどで隠《かく》したりして、個人《こじん》情報《じょうほう》に結《むす》び付《つ》かないようにします。

また、注意《ちゅうい》したいのが位置情報《いちじょうほう》。SNSなどで自動《じどう》で位置情報《いちじょうほう》が明記《めいき》されてしまう設定《せってい》にしていると、すぐにどこにいるのかがわかってしまいます。

便利《べんり》なSNSですが、ちょっと気《き》を付《つ》けることで、自分《じぶん》の身《み》を守《まも》ることができます。

SNSにアップする前《まえ》に、情報確認《じょうほうかくにん》しようブル

チカンにあうのは、女《おんな》の子《こ》だけじゃない

チカンは、「強制《きょうせい》わいせつ罪《ざい》」という犯罪《はんざい》です。※1痴漢《ちかん》の被害者《ひがいしゃ》の76・9%が10代《だい》20代《だい》の若年層《じゃくねんそう》という報告《ほうこく》もされています。また、※2 2022年《ねん》の12歳《さい》以下《いか》の被害者《ひがいしゃ》は700人《にん》以上《いじょう》というデータも出《で》ています。しかし、この数字《すうじ》は実際《じっさい》に被害《ひがい》を訴《うった》えた人《にん》数《ずう》。**学校《がっこう》に行《い》くために急《いそ》いでいた、チカンだったのかよくわからなかった、怖《こわ》くて誰《だれ》にもいえず隠《かく》したままなど、被害《ひがい》を訴《うった》えていない人《ひと》も多《おお》くいるといわれています。**

チカンにあったら、「やめて！」ということ。しかし、これが一番難《いちばんむずか》しいともいわれています。男《おとこ》の子《こ》や男性《だんせい》としては、まさか自分《じぶん》がチカンされるなんて思《おも》っておらず、怖《こわ》くなり、声《こえ》が出《だ》せないというケースも多《おお》くあります。

電車《でんしゃ》だった場合《ばあい》は、車両《しゃりょう》を変《か》える、降《お》りる駅《えき》ではないけど降《お》りるなどその場《ば》から逃《に》げましょう。バスの場合《ばあい》は、逃《に》げる場所《ばしょ》が少《すく》ないので、最寄《もよ》りのバス停《てい》で降《お》りるよう

にします。

また、できるだけ周囲《しゅうい》に助《たす》けを求《もと》めます。警視庁《けいしちょう》から、警視庁防犯《けいしちょうぼうはん》アプリ「DigiPolice」というものが配信《はいしん》されています。痴漢撃退機能《ちかんげきたいきのう》があり、『ちかんされていませんか？』または『痴漢《ちかん》です　助《たす》けてください』という画面《がめん》を表示《ひょうじ》して、まわりの人《ひと》や被害者《ひがいしゃ》にスマホ画面《がめん》を見《み》せて、声《こえ》を出《だ》さずに助《たす》けを求《もと》めることができるというものです。さらに防犯《ぼうはん》ブザー機能《きのう》もついています（2024年1月時点）。

そして、信頼《しんらい》できる大人《おとな》に相談《そうだん》をすること。

もしかしたらという可能性《かのうせい》を考《かんが》えて、チカンにあったらどうしたらよいか、どのようにケアをしたらよいのかは、知《し》っておくとよいでしょう。

※1　2023年《ねん》3月《がつ》政府《せいふ》が公表《こうひょう》「痴漢撲滅《ちかんぼくめつ》に向《む》けた政策《せいさく》パッケージ」

※2　警察庁《けいさつちょう》「令和《れいわ》3年《ねん》の刑法犯《けいほうはん》に関《かん》する統計資料《とうけいしりょう》」

チカンされる
可能性《かのうせい》は、
誰《だれ》にでも
あるブル

登《とう》下《げ》校《こう》時《じ》、意《い》外《がい》な危《き》険《けん》ゾーンに注《ちゅう》意《い》

男《おとこ》の子《こ》も小学生《しょうがくせい》になると、お母《かあ》さんと女子《じょし》トイレや女子更衣室《じょしこういしつ》、女湯《おんなゆ》などには、一《いっ》緒《しょ》に入《はい》ることが難《むず》しくなります。

お父《とう》さんやお兄《にい》さんがいるときはよいのですが、やむをえず、子《こ》どもひとりだけで行《い》くこともあるでしょう。そういう**男《おとこ》の子《こ》がひとりになった瞬間《しゅんかん》を狙《ねら》う犯罪者《はんざいしゃ》がいたりするものです**。

また、学校《がっこう》の登下校《とうげこう》のときに狙《ねら》われることもあります。朝《あさ》の登校《とうこう》のときは、まわりにも同《おな》じ登校中《とうこうちゅう》の生徒《せいと》がいたり、見守《みまも》りの人《ひと》がいたりするのですが、下校時間《げこうじかん》は、学《がく》年《ねん》によってバラバラです。人気《ひとけ》のない住宅地《じゅうたくち》などで、ひとりで歩《ある》いているところを狙《ねら》われたりもします。

性被害《せいひがい》の多《おお》くが、次《つぎ》のような点《てん》が共通《きょうつう》しています。

● 子《こ》どもがひとりでいるとき

意外《いがい》に危険《きけん》な場所《ばしょ》

ガードレールのないところは
車《くるま》で連《つ》れさられやすい

壁《かべ》の多《おお》い住宅地《じゅうたくち》は
死角《しかく》が多《おお》い

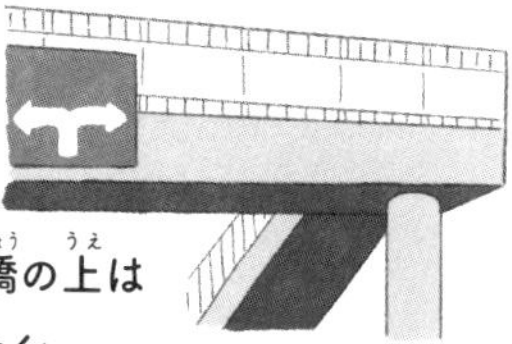

歩道橋《ほどうきょう》の上《うえ》は
見《み》えにくい

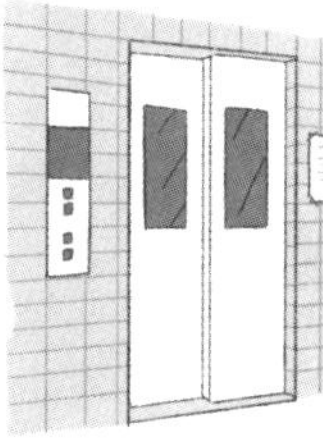

エレベーターは
密室《みっしつ》になる

○やさしく声《こえ》をかけてきたり、「内緒《ないしょ》だよ」といって近《ちか》づく

○人気《ひとけ》のないところで犯行《はんこう》におよぶ

予防《よぼう》のためには、この3つの点《てん》を回避《かいひ》することです。

○なるべくひとりにならない

⇩**どんな場所《ばしょ》にも、人《ひと》の目《め》が行《ゆ》き届《とど》かない死角《しかく》があります。**車《くるま》が多《おお》く止《と》まっている駐《ちゅう》車場《しゃじょう》、路地《ろじ》の多《おお》いところなどには、不審者《ふしんしゃ》が隠《かく》れていることがあります。小学生《しょうがくせい》の男《おとこ》の子《こ》は、狭《せま》い道《みち》をあえて通《とお》ったり、何《なに》か考《かんが》えながらふらふらと歩《ある》きがちです。人気《ひとけ》のないところは、行《い》かないようにと約束《やくそく》させましょう。

○声《こえ》をかけられてもついていかない

⇩犯罪者《はんざいしゃ》が、誰《だれ》もがみな悪《わる》い顔《かお》をしているというわけではありません。一見《いっけん》、穏《おだ》やかに話《はな》す、どこにでもいそうな大人《おとな》だったりもします。**知《し》らない人《ひと》に声《こえ》をかけられてもついていかない、言葉《ことば》を返《かえ》さないなどを伝《つた》えましょう。**知《し》らない人《ひと》の車《くるま》に乗《の》るのは絶対《ぜったい》にダメです。

○にげる

⇩**怖《こわ》い、なんかヘン、イヤだと思《おも》ったら、とにかくにげること。**その場《ば》を離《はな》れて、大人《おとな》に助《たす》けを求《もと》めましょう。大声《おおごえ》を出《だ》すことも大事《だいじ》なのですが、怖《こわ》くて声《こえ》が出《だ》せない、状況《じょうきょう》が飲《の》み込《こ》めなくて混乱《こんらん》してしまい、大声《おおごえ》が出《だ》せなかったということもあります。防犯《ぼうはん》ブザーをもつのもよいでしょう。

大人《おとな》が一緒《いっしょ》にいるとき、ちょっとだけ離《はな》れたすきに、狙《ねら》われるということもあります。休日《きゅうじつ》の商業施設《しょうぎょうしせつ》などにぎわって、人《ひと》の目《め》も多《おお》いのですが、犯罪者《はんざいしゃ》はあえてそこを見回《みまわ》り、狙《ねら》いやすい子《こ》がいないかなど見《み》ていたりします。トイレなどで離《はな》れてしまうときは、トイレの入《い》り口《ぐち》で「お母《かあ》さん、ここで待《ま》ってるから。何《なに》かあったら教《おし》えてね」「終《お》わったらここで集合《しゅうごう》ね」と、あえて中《なか》まで声《こえ》が聞《き》こえるようにするのもひとつの予《よ》防《ぼう》。**付《つ》き添《そ》いがいるということをわからせるのです。**または、多機能《たきのう》トイレを使《つか》い、すぐ外《そと》で待《ま》てるようにするのもよいでしょう。

少《すこ》しの間《あいだ》だからと、子《こ》どもの多《おお》いキッズスペースなどにひとりで待《ま》たせないこと。不《ふ》審者《しんしゃ》は、親《おや》のようなそぶりをして、容易《ようい》に近《ちか》づくことができてしまいます。

幼児《ようじ》とは違《ちが》い、しっかりとしてきた小学生《しょうがくせい》に見《み》えますが、まだ子《こ》どもらしい面《めん》があるころです。知《し》らない人《ひと》でもやさしく話《はな》しかけられたら答《こた》えてしまうこともあるかもしれません。**男《おとこ》の子《こ》でも性被害《せいひがい》にあう可能性《かのうせい》があることを考《かんが》えて、自分《じぶん》で自分《じぶん》を守《まも》る方《ほう》法《ほう》を身《み》につけていきましょう。**

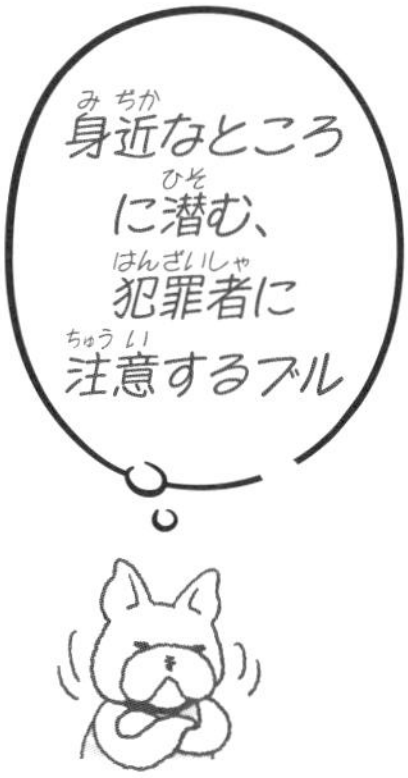
身近《みちか》なところ
に潜《ひそ》む、
犯罪者《はんざいしゃ》に
注意《ちゅうい》するブル

「不審者《ふしんしゃ》」ってどんな人《ひと》？

地域《ちいき》の安全《あんぜん》・防犯通知《ぼうはんつうち》などで、不審者情報《ふしんしゃじょうほう》などが流《なが》れてくることもあります。「不審《ふしん》者《しゃ》に注意《ちゅうい》」といいますが、どんな人《ひと》が不審者《ふしんしゃ》なのでしょうか？

ヘンな人《ひと》、悪《わる》い人《ひと》、あやしい人《ひと》、知《し》らない人《ひと》、マスクや帽子《ぼうし》、サングラスで顔《かお》を隠《かく》している人《ひと》……こういう「いかにも不審者《ふしんしゃ》！」という人《ひと》は、案外少《あんがいすく》ないものです。

見《み》た目《め》はどこにでもいそうなふつうの人《ひと》でやさしく話《はな》しかけてくる人《ひと》が、意外《いがい》にも犯罪者《はんざいしゃ》・加害者《かがいしゃ》だったということは多《おお》かったりします。じつは犯罪者《はんざいしゃ》だったけれど、知《し》り合《あ》いだったり、よく見《み》かける人《ひと》だったりすると、子《こ》どもとしては「知《し》っている人《ひと》」という目線《めせん》で見《み》てしまいます。性被害《せいひがい》の加害者《かがいしゃ》は、こういう顔見知《かおみし》りだったということも少《すく》なくありません。

犯罪者《はんざいしゃ》かどうか見極《みきわ》める方法《ほうほう》に、「**距離感**《きょりかん》」があります。家族《かぞく》や親《した》しい友達《ともだち》とは、距《きょ》離感《りかん》が近《ちか》いものです。肩《かた》が触《ふ》れるくらい、手《て》を伸《の》ばせばふれるくらいの距離《きょり》が目安《めやす》です。知《し》らない人《ひと》やそれほど親《した》しくない人《ひと》の場合《ばあい》、お互《たが》いに手《て》を伸《の》ばしても届《とど》かない距《きょ》離《り》が通常《つうじょう》です。その距離感《きょりかん》を無視《むし》して近《ちか》づいてくる人《ひと》や、62ページの境界線《きょうかいせん》（バウンダリー）に入《はい》ってくる人《ひと》は要注意《ようちゅうい》。

また、直感的《ちょっかんてき》に「怖《こわ》い」「イヤだ」と思《おも》った気持《きも》ちも大事《だいじ》にし、にげたり、まわりの人《ひと》に助《たす》けを求《もと》めたりしてもよいでしょう。

他《ほか》にも、どこかへ連《つ》れていこうとする、触《さわ》ろうとする、名前《なまえ》や住所《じゅうしょ》を聞《き》こうとする、性器《せいき》などを見《み》せてくるといった行動《こうどう》をしていたら、知《し》り合《あ》いでも知《し》らない人《ひと》でもこれは不審者《ふしんしゃ》といえます。

子《こ》どもと近所《きんじょ》を歩《ある》きながら、危険《きけん》な場所《ばしょ》を見《み》つけて、「ここに人《ひと》がかくれていたら、見《み》えないね。ちょっと危険《きけん》な場所《ばしょ》かもしれないよ」「この場所《ばしょ》は、昼間《ひるま》でも暗《くら》いから、通《とお》らないようにしようね」など、どのようにしたらよいかを日頃《ひごろ》から話《はな》しておきましょう。
また学校《がっこう》で習《なら》う「いかのおすし」を子《こ》どもと改《あらた》めて確認《かくにん》しておくこともよいですね。

改《あらた》めて、**通学路《つうがくろ》を一緒《いっしょ》に歩《ある》いてみて、安全《あんぜん》なところ、危険《きけん》なところを確認《かくにん》しあうのも大切《たいせつ》でしょう。日《ひ》ごろからの防犯意識《ぼうはんいしき》は、子《こ》どもを被害《ひがい》から守《まも》ることができます。**

子《こ》どもに伝《つた》えておきたい犯罪者《はんざいしゃ》にあったときの対応《たいおう》

○ 話《はな》しかけられたら……

⇨「困《こま》っているんだけど、助《たす》けてくれない？」と聞《き》いてきたらまず警戒《けいかい》を。普通《ふつう》の困《こま》っている大人《おとな》は、大人《おとな》や交番《こうばん》などに聞《き》くもの。そこを子《こ》どもに聞《き》くのは、不審者《ふしんしゃ》の可能性《かのうせい》があります。聞《き》かれたら「わかりません」「あっちに交番《こうばん》あるから」などというようにしましょう。

○ 「お父《とう》さん／お母《かあ》さんにダメっていわれています」

⇨「巧《たく》みな言《い》い方《かた》で声《こえ》をかけてくる不審者《ふしんしゃ》には、「ダメです」「イヤです」ときっぱりいいます。もし難《むずか》しければ「お父《とう》さん／お母《かあ》さんにダメっていわれています」と親《おや》から禁止《きんし》されていると伝《つた》える方法《ほうほう》だと、子《こ》どもとしてもいいやすくなります。

○ エレベーターで知《し》らない人《ひと》と乗《の》りあわせたら……

⇨ 入口《いりぐち》の階数《かいすう》ボタンの近《ちか》くに乗《の》ること。いつでもボタンを押《お》して降《お》りられるようにします。

○ 家《いえ》まであとをつけてきている?

➪ 留守《るす》の家《いえ》に帰《かえ》る子《こ》を狙《ねら》っている場合《ばあい》もあります。ついてきていると感《かん》じたら、そのまま学校《がっこう》へ引《ひ》き返《かえ》す、交番《こうばん》に行《い》く、人通《ひとどお》りのあるお店《みせ》に行《い》くなど、大人《おとな》のいるところにかけこむ対応《たいおう》を考《かんが》えましょう。

あっ忘れものしたから
学校戻らなくちゃ!!

ONE《わん》 POINT

⇩「怪《あや》しい人《ひと》」が「不審者《ふしんしゃ》」ではない

⇩境界線《きょうかいせん》に無断《むだん》で入《はい》ってくる人《ひと》は、要注意《ようちゅうい》

⇩通学路《つうがくろ》を一緒《いっしょ》に歩《ある》いて確認《かくにん》しあうなど、日《ひ》ごろからの防犯対策《ぼうはんたいさく》が大事《だいじ》

Q

子《こ》どもがアプリなどで知《し》り合《あ》った人《ひと》と、会《あ》いたいといいだした！

A

SNSやオンラインゲームを通《とお》して親《おや》も知《し》らないような人《ひと》と子《こ》どもがつながっている状況《じょうきょう》は、この時代《じだい》珍《めずら》しいことではありません。ネット上《じょう》で意気投合《いきとうごう》し、実際《じっさい》に会《あ》ってみたいと考《かんが》える子《こ》どもも少《すく》なくないようです。性的《せいてき》な目的《もくてき》を隠《かく》して、未成年者《みせいねんしゃ》を手《て》なづけるグルーミングという詐《さ》欺《ぎ》があります。SNSなどを通《とお》して、未成年者《みせいねんしゃ》の信頼《しんらい》を得《え》て、性的《せいてき》な画《が》像《ぞう》を送《おく》らせたりします。

会《あ》う前《まえ》に相談《そうだん》をしてくれているのは、とてもよいことです。

ネットで知《し》り合《あ》った人《ひと》とは基本的《きほんてき》には会《あ》わないとルールを決《き》めておくのが大切《たいせつ》です。

相手《あいて》が本当《ほんとう》に安全《あんぜん》な人《ひと》なのかを大人《おとな》が確認《かくにん》できればよいのですが、ネット上《じょう》での顔写真《かおじゃしん》やプロフィールなどは、いくらでも偽《いつわ》ることができてしまいます。同性《どうせい》だと思《おも》って会《あ》ってみたら、異性《いせい》だったり、年齢《ねんれい》もかなり上《うえ》だったという可能性《かのうせい》もあります。

基本的《きほんてき》に、ネットで知《し》り合《あ》った人《ひと》に会《あ》うのは危険《きけん》なことを伝《つた》えて、グルーミングの可能性《かのうせい》がないか親子《おやこ》で話《はな》すなどしましょう。

column
Q&A

Q

不審者《ふしんしゃ》について教《おし》えたい

A

212ページで紹介《しょうかい》した通《とお》り、マスクをし、サングラスをかけて、帽子《ぼうし》をかぶった黒《くろ》ずくめの不審者《ふしんしゃ》らしいイメージの不審者《ふしんしゃ》は、あまりいないものです。見《み》た目《め》は、いたって普通《ふつう》の人《ひと》。知《し》り合《あ》いだったり、顔見知《かおみし》りだったりもします。

どういう人《ひと》が不審者《ふしんしゃ》なのか、その判断《はんだん》を見《み》た目《め》だけでするのは難《むずか》しいものです。

まず、不審者《ふしんしゃ》は、距離感《きょりかん》がやたらと近《ちか》い傾向《けいこう》にあるということを教《おし》えます。

いきなり触《さわ》ってきたり、あとをつけてきたり、性器《せいき》を見《み》せてきたりしたら、不審者《ふしんしゃ》と思《おも》ってよいでしょう。70ページの「NO　GO　TELL」を日常的《にちじょうてき》に伝《つた》えて、身《み》を守《まも》る習慣《しゅうかん》を身《み》につけられるようにしましょう。

夜道《よみち》や人気《ひとけ》のない場所《ばしょ》の危険性《きけんせい》、人気《ひとけ》があっても起《お》こり得《う》る危険《きけん》性《せい》なども親子《おやこ》で確認《かくにん》し、トラブルを避《さ》けられるようにしたいものです。

column Q&A

Q

ネット検索《けんさく》の履歴《りれき》がアダルトサイトだった

A

共有《きょうゆう》で使《つか》っているパソコンやタブレットなどの履歴《りれき》を見《み》て、アダルトサイトや動画《どうが》が出《で》てきてびっくりすることがあると思《おも》います。最近《さいきん》では履歴《りれき》を消《け》していても、検索《けんさく》されているキーワードに関連《かんれん》することが広告《こうこく》として出《で》てきたりもします。そこで、気《き》がつくということもあるでしょう。関《かん》係《けい》のないサイトを見《み》ているとき、ゲームをしているときに広告《こうこく》で入《はい》ってきたものを、子《こ》どもが思《おも》いがけず見《み》てしまったということもあります。また、アダルトサイトなどの中《なか》にはクリックしただけで高額請求《こうがくせいきゅう》されたり、知《し》らないうちに課金《かきん》に誘導《ゆうどう》されたりといった場合《ばあい》もあります。

それを防《ふせ》ぐには、アクセス制限《せいげん》やフィルターなどをかけるようにしましょう。

ネット以外《いがい》にも、マンガやDVDなどで、友達《ともだち》から貸《か》し借《か》りがあるかもしれません。そこまでは、親《おや》も立《た》ち入《い》れないので、まったく目《め》にふれさせないということは不可能《ふかのう》です。親《おや》が注意《ちゅうい》すればするほど、隠《かく》れて見《み》たりしてしまうものです。

それでも、子《こ》ども自身《じしん》が探《さが》して見《み》ているようだったら、その世界《せかい》はフィクションであること、現実《げんじつ》とは違《ちが》うものということを伝《つた》えてみてもよいでしょう。見分《みわ》ける力《ちから》を身《み》につけさせて、子《こ》ども自身《じしん》に任《まか》せてみます。

column Q&A

Q

忙《いそが》しすぎて、性教育《せいきょういく》まで伝《つた》える余裕《よゆう》がありません

A

　性教育《せいきょういく》は大事《だいじ》なことだとわかってはいても、仕事《しごと》に家事《かじ》に育児《いくじ》に忙《いそが》しいのが子育《こそだ》て中《ちゅう》のお母《かあ》さん・お父《とう》さんです。性教育《せいきょういく》とかたく考《かんが》えず、軽《かる》い気持《きも》ちで日《ひ》ごろから少《すこ》しずつ伝《つた》えていくことでも、十分《じゅうぶん》伝《つた》わります。

　「あなたを大切《たいせつ》に思《おも》っているよ」「あなたを大好《だいす》きだよ」この言葉《ことば》を伝《つた》え続《つづ》けること、これだけでも立派《りっぱ》な性教育《せいきょういく》です。

　また、性教育《せいきょういく》に関《かん》する絵本《えほん》を読《よ》み聞《き》かせてもよいですし、小学生《しょうがくせい》でも読《よ》める性教育本《せいきょういくぼん》を低学年《ていがくねん》ならば一声《ひとこえ》かけて渡《わた》してもいいですが、思《し》春期《しゅんき》になると素直《すなお》に受《う》け取《と》らないかもしれません。そっと本棚《ほんだな》にしのばせておくだけでもよいでしょう。子《こ》ども自身《じしん》が気《き》になることができたときに、そっと開《ひら》いて読《よ》む……という可能性《かのうせい》もあります。

　プライベートゾーンの話《はなし》はお風呂《ふろ》の時間《じかん》など、日常《にちじょう》の中《なか》で他人《たにん》に見《み》せたり、触《さわ》らせたりしてはいけないことを伝《つた》えておくだけでも違《ちが》います。

　また「子《こ》どものNO を受《う》け止《と》める」ことの積《つ》み重《かさ》ねも性教育《せいきょういく》、人間《にんげん》関係《かんけい》を教《おし》えることにつながります。

　ネットや友達同士《ともだちどうし》のうわさ話《ばなし》などから間違《まちが》った情報《じょうほう》を得《え》て振《ふ》り回《まわ》されないようにするためにも、正《ただ》しい情報《じょうほう》を子《こ》どもの身近《みぢか》に用意《ようい》しておくのは大切《たいせつ》です。テレビなどで出《で》てきた、性《せい》に関《かん》するキーワードを説明《せつめい》したり「これって、どう思《おも》う?」などと話《はな》し合《あ》ってもよいですね。

読《よ》んでおいてもらいたい、
性《せい》に関《かん》するおすすめ本《ほん》を紹介《しょうかい》します。

10代のための
性の世界の歩き方
「性」を知ると人生はより良くなる!
・性的同意YES以外は全部NO
・ソロプレイ風呂かトイレか布団の中で
・それもあり今すぐ性を決めない選択
・AVはプロがつくったツクリモノ
学校講演で大人気の著者が子どもに刺さる言葉で語る!!

『10代《だい》のための性《せい》の世界《せかい》の歩《ある》き方《かた》』

櫻井裕子《さくらいゆうこ》（著《ちょ》） イゴカオリ（漫画《まんが》）

時事通信社《じじつうしんしゃ》

学校《がっこう》で10代《だい》向《む》けの性教育講演《せいきょういくこうえん》を行《おこな》う著者《ちょしゃ》が、男女《だんじょ》それぞれの性《せい》に関《かん》すること、ソロプレイ（自慰《じい》）、多様性《たようせい》、妊娠《にんしん》などについてを、漫画でわかりやすく伝《つた》えます。

はたらく細胞
Lady
レディー
10代女性が知っておきたい
「性」の新知識

『はたらく細胞《さいぼう》LADY
10代女性《だいじょせい》が知《し》っておきたい「性《せい》」の新知識《しんちしき》』

及川夕子《おいかわゆうこ》（著《ちょ》） 高橋幸子《たかはしさちこ》（医療監修《いりょうかんしゅう》）
原田重光《はらだしげみつ》（監修《かんしゅう》） 乙川灯《おとかわあかり》（監修《かんしゅう》） 清水茜《しみずあかね》（監修《かんしゅう》）

講談社《こうだんしゃ》

10代女性《だいじょせい》が抱《かか》える性《せい》の悩《なや》みや性《せい》の知識《ちしき》を、日夜活躍《にちやかつやく》する細胞《さいぼう》たちがナビゲートする、はたらく細胞《さいぼう》シリーズ。男《おとこ》の子《こ》にも女《おんな》の子《こ》について知《し》ってほしい情報《じょうほう》がたっぷり。

一番やさしい! 防犯・SEX・命の伝え方
おうち性教育
はじめます
フクチマミ 村瀬幸浩

『おうち性教育《せいきょういく》はじめます
一番《いちばん》やさしい! 防犯《ぼうはん》・SEX・命《いのち》の伝《つた》え方《かた》』

フクチマミ（著《ちょ》） 村瀬幸浩《むらせゆきひろ》（著《ちょ》）

KADOKAWA

3～10歳《さい》の子《こ》どもに性教育《せいきょういく》をどう伝《つた》えたらいいのかを、マンガでママとパパ向《む》けにわかりやすく解説《かいせつ》。性《せい》について親子《おやこ》で会話《かいわ》ができるようになる本《ほん》。

サッコ先生《せんせい》の
【おすすめ性《せい》教《きょう》育《いく》本《ぼん》】

『サッコ先生《せんせい》と! からだこころ研究所《けんきゅうじょ》
小学生《しょうがくせい》と考《かんが》える「性《せい》ってなに?」』
高橋幸子《たかはしさちこ》（著《ちょ》）
リトルモア

科学的《かがくてき》な視点《してん》から、正《ただ》しい性《せい》の知識《ちしき》をポジティブな語《かた》り口調《くちょう》で、わかりやすく教《おし》える自分《じぶん》で読《よ》める小学《しょうがく》生向《せいむ》けの本《ほん》。

『自分《じぶん》を生《い》きるための〈性《せい》〉のこと
性《せい》と生殖《せいしょく》に関《かん》する健康《けんこう》と権利《けんり》（SRHR）編《へん》』
今井伸《いまいしん》（著《ちょ》）高橋幸子《たかはしさちこ》（著《ちょ》）hara（イラスト）
少年写真新聞社《しょうねんしゃしんしんぶんしゃ》

思春期《ししゅんき》のからだの変化《へんか》、月経《げっけい》、射精《しゃせい》、妊娠《にんしん》についてなど、自分《じぶん》の人生《じんせい》を自分《じぶん》で選《えら》び、行動《こうどう》するために大《たい》切《せつ》な知識《ちしき》を学《まな》べる本《ほん》。

『自分《じぶん》を生《い》きるための〈性《せい》〉のこと
性《せい》と人間関係編《にんげんかんけいへん》』
田代美江子《たしろみえこ》（著《ちょ》、監修《かんしゅう》）前川直哉《まえかわなおや》（著《ちょ》）
丸井淑美《まるいよしみ》（著《ちょ》）久保田美穂《くぼたみほ》（著）hara（イラスト）
少年写真新聞社《しょうねんしゃしんしんぶんしゃ》

友人《ゆうじん》、家族《かぞく》、恋人《こいびと》、周囲《しゅうい》の人《ひと》など、ざまざまな人間関《にんげんかん》係《けい》と性《せい》（ジェンダーやセクシュアリティ）がどのように関《かか》わっているのかを解説《かいせつ》しています。

誰《だれ》にもいえない、いいにくい性《せい》に関《かん》する悩《なや》みを、専門《せんもん》の相談員《そうだんいん》に相談《そうだん》できる窓口《まどぐち》があります。匿名《とくめい》などで相談《そうだん》できるところもあります。

子《こ》どもの人権《じんけん》110番《ばん》

https://www.moj.go.jp/JINKEN/jinken112.html

0120-007-110

性暴力《せいぼうりょく》、いじめ、ネットトラブル、身近《みぢか》な大人《おとな》からの暴力《ぼうりょく》・性暴力《せいぼうりょく》などの相談《そうだん》。電話《でんわ》、メール、LINE での相談《そうだん》も可能《かのう》。

月《げつ》～金《きん》8:30 ～17:15

＜性《せい》に関《かん》するおすすめサイト＞

性《せい》に関《かん》する情報《じょうほう》がのっているおすすめのサイトです。

サッコ先生《せんせい》の性教育研究所《せいきょういくけんきゅうじょ》2024

https://sakko0607.wixsite.com/sakko/about

高橋幸子先生《たかはしさちこせんせい》のメインサイト。

家庭《かてい》でできる性教育《せいきょういく》サイト「命育《めいいく》」

https://meiiku.com/

性《せい》の悩《なや》みや疑問《ぎもん》などに専門家《せんもんか》が監修《かんしゅう》した記事《きじ》が多数掲載《たすうけいさい》。伝《つた》え方《かた》、お悩《なや》み相談《そうだん》などがあります。

PILCON ピルコン

https://pilcon.org/

若者《わかもの》、大人《おとな》に向《む》けての性《せい》の知識《ちしき》を伝《つた》えるサイト。

知《し》ろう、話《はな》そう、性《せい》のモヤモヤ「セイシル」

https://seicil.com/

10代《だい》の若者《わかもの》の性《せい》に関《かん》するモヤモヤにこたえるサイト。

「# つながるBOOK」

https://jfpa.or.jp/tsunagarubook/

自分《じぶん》の人生《じんせい》を自分《じぶん》で選択《せんたく》するときの手《て》助《だす》けになれる高校生向《こうこうせいむ》けサイト。

令和《れいわ》2年度《ねんど》厚生労働行政推進調査事《こうせいろうどうぎょうせいすいしんちょうさじ》業費補助金《ぎょうひほじょきん》（厚生労働科学特別研究事業《こうせいろうどうかがくとくべつけんきゅうじぎょう》）研究課題《けんきゅうかだい》：新型《しんがた》コロナウイルス感染《かんせん》症流行下《しょうりゅうこうか》の自粛《じしゅく》の影響《えいきょう》—予期《よき》せぬ妊娠等《にんしんとう》に関《かん》する実態調《じったいちょう》査《さ》と女性《じょせい》の健康《けんこう》に対《たい》する適切《てきせつ》な支援《しえん》提供体制構築《ていきょうたいせいこうちく》のための研究《けんきゅう》

性《せい》を学《まな》ぶ「SEXOLOGY」

https://sexology.life/

正《ただ》しい性《せい》の知識《ちしき》を気軽《きがる》に学《まな》べる大学《だいがく》生向《せいむ》けスマホサイト。

ピルにゃん

https://pillnyan.jp/

ピルとアフターピル（緊急避妊薬《きんきゅうひにんやく》）に関《かん》する情報《じょうほう》の総合《そうごう》サイト。

※2024年1月時点の情報です。

【相《そう》談《だん》窓《まど》口《ぐち》一《いち》覧《らん》】

＜相談窓口＞

○思春期《ししゅんき》・FP相談《そうだん》LINE（一般社団法人《いっぱんしゃだんほうじん》 日本家族計画協会《にほんかぞくけいかくきょうかい》）

LINEID@183xqhfs

思春期《ししゅんき》の体《からだ》についての心配《しんぱい》、悩《なや》みなどをLINE で相談《そうだん》できます。

回答時間《かいとうじかん》：月《げつ》～金《きん》10:00 ～ 16:00（祝祭日《しゅくさいじつ》は休《やす》み）

・QR コードを読《よ》み取《と》っての閲覧《えつらん》は、予告《よこく》なく終了《しゅうりょう》する可能性《かのうせい》がございます。ご了承《りょうしょう》ください。

・QR コードは株式会社《かぶしきかいしゃ》デンソーウェーブの登録《とうろく》商標《しょうひょう》です。

○よりそいホットライン セクシュアルマイノリティ専門《せんもん》ライン （一般社団法人社会的包摂《いっぱんしゃだんほうじんしゃかいてきほうせつ》サポートセンター）

https://www.since2011.net/yorisoi/

性別《せいべつ》の違和《いわ》などの悩《なや》みについて相談《そうだん》できます。

TEL：0120-279-338（24時間受付《じかんうけつけ》）※アナウンスが流《なが》れたら「4」を押《お》してください。

岩手県《いわてけん》、宮城県《みやぎけん》、福島県《ふくしまけん》からかける場合《ばあい》

TEL：0120-279-226（24時間受付）※アナウンスが流《なが》れたら「4」を押《お》してください。

○性犯罪被害相談《せいはんざいひがいそうだん》（警察庁《けいさつちょう》）

#8103《ハートさん》（24時間受付《じかんうけつけ》）

○性犯罪《せいはんざい》・性暴力被害者《せいぼうりょくひがいしゃ》のためのワンストップ支援《しえん》センター（内閣府《ないかくふ》）

#8891《はやくワンストップ》

○チャット相談《そうだん》 CureTime キュアタイム（内閣府《ないかくふ》）

https://curetime.jp/

年齢《ねんれい》、性別《せいべつ》、セクシュアリティを問《と》わずに、メールやチャットなどで匿名《とくめい》で相談《そうだん》できます。外《がい》国語《こくご》にも対応《たいおう》しています。

毎日《まいにち》17 ～ 21時《じ》

○チャイルドライン

https://childline.or.jp/

0120-99-7777

18歳《さい》までの子《こ》どもが、電話《でんわ》やチャットなどで相談《そうだん》できます。匿名《とくめい》で相談可能《そうだんかのう》。

毎日《まいにち》16 ～ 21時《じ》

著者 高橋《たかはし》 幸子《さちこ》

埼玉医科大学医療人育成支援センター・地域医学推進センター勤務／産婦人科医。年間180回以上の性教育の講演会を、全国の小学校・中学校・高等学校にて行っている。NHK「あさイチ」、「NHK　for　School　キキとカンリ」、「ハートネットTV」、などさまざまなメディアに出演。その他にも性教育サイトの監修、性教育関連の書籍の監修などを手がける。性教育の普及や啓発に尽力する。

＜主な参考文献＞

『まるっとまなBOOK　LEVEL1～4』令和5年度厚生労働科学研究費補助金　「まるっと からだとこころの科学まなブック」編集委員会　／『自分を生きるための＜性＞のこと　性と生殖に関する健康と権利（SRHR）編』今井伸、高橋幸子　少年写真新聞社／『マンガでよくわかる！ 13歳までに伝えたい男の子の心と体のこと』やまがたてるえ　かんき出版／『マンガでわかる　オトコの子の「性」思春期男子へ13のレッスン』村瀬幸浩（監修）染矢明日香（著）　合同出版／『おうち性教育はじめます　一番やさしい！ 防犯・SEX・命の伝え方』フクチマミ、村瀬幸浩　KADOKAWA／『サッコ先生と！ からだこころ研究所 小学生と考える「性ってなに？」』高橋幸子　リトルモア／「性の絵本」たきれい https://seinoehon.jimdofree.com/
Safe Campus　https://safecampuskeio.mystrikingly.com/

〔 Staff 〕

マンガ	本田佳世
本文カット	こやまもえ
デザイン	松田剛、大矢佳喜子（東京100ミリバールスタジオ）
執筆協力	細井秀美
校正	有限会社玄冬書林
編集協力	石島隆子

内容に関するお問い合わせは
小社ウェブサイトお問い合わせフォームまでお願いいたします。
ウェブサイト　https://www.nihonbungeisha.co.jp/

12歳《さい》までに知《し》っておきたい
男《おとこ》の子《こ》のための おうちでできる性教育《せいきょういく》

2024 年 3月 20 日 第 1 刷発行

著　者	高橋《たかはし》 幸子《さちこ》
発行者	吉田 芳史
印刷所	株式会社文化カラー印刷
製本所	鶴亀製本株式会社
発行所	株式会社 日本文芸社

〒100-0003 東京都千代田区一ツ橋1-1-1 パレスサイドビル8F
電話 03-5224-6460（代表）

Printed in Japan 112240312-112240312 Ⓝ 01（060012）
ISBN978-4-537-22197-8
URL https://www.nihonbungeisha.co.jp/

（編集担当　前川）